R 27876

Strasbourg
1833

Bautain, Louis Eugène Marie

De l'Enseignement de la philosophie en France au XIXème

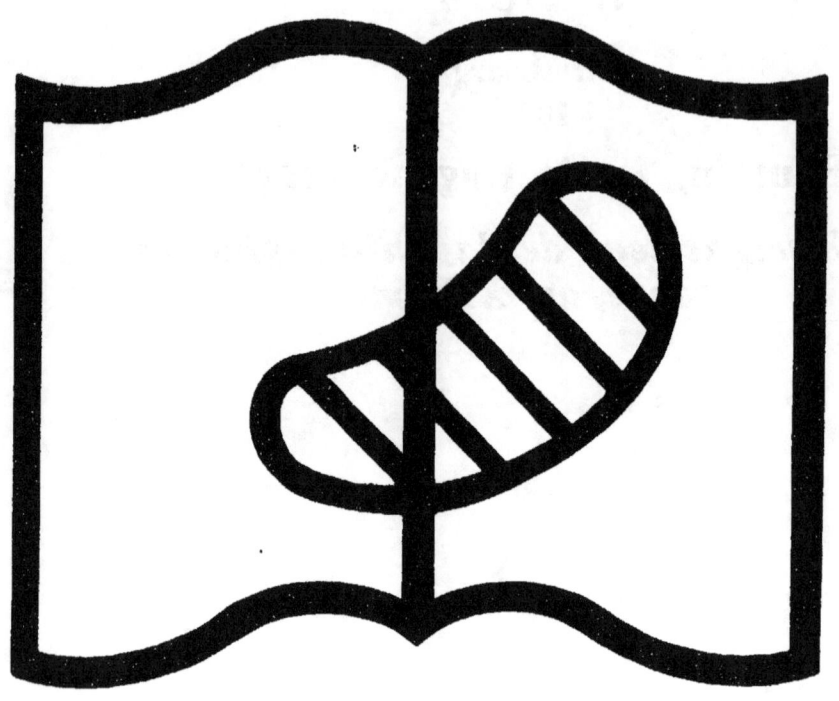

**Symbole applicable
pour tout, ou partie
des documents microfilmés**

Original illisible

NF Z 43-120-10

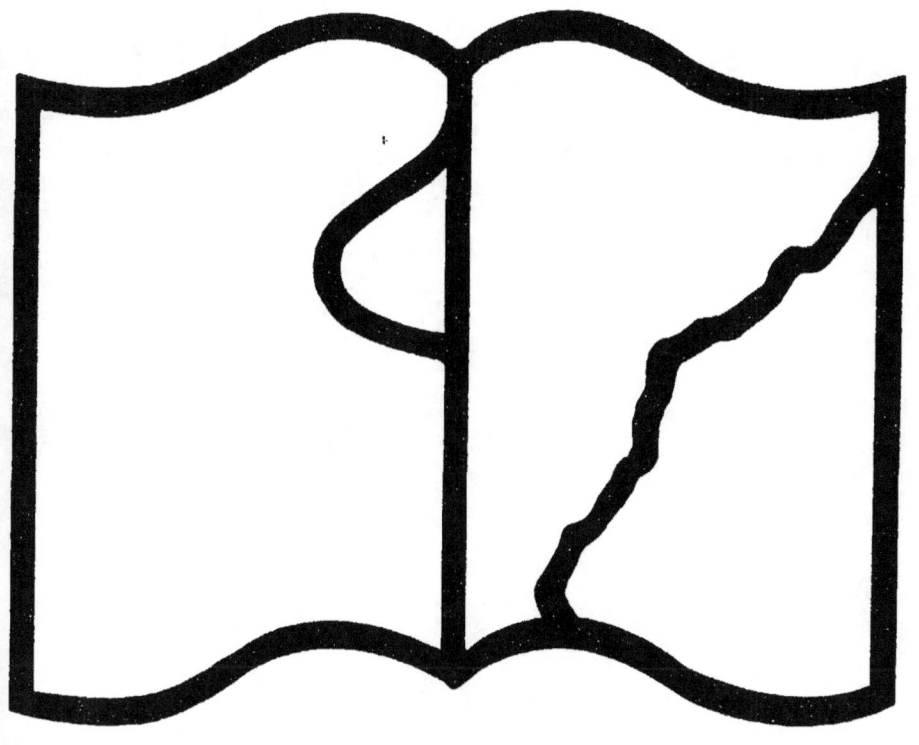

**Symbole applicable
pour tout, ou partie
des documents microfilmés**

Texte détérioré — reliure défectueuse

NF Z 43-120-11

PELOSKES M.J. 93

DE L'ENSEIGNEMENT

DE LA

PHILOSOPHIE

EN FRANCE,

AU DIX-NEUVIÈME SIÈCLE,

PAR

L'ABBÉ **BAUTAIN**,

PROFESSEUR DE PHILOSOPHIE A LA FACULTÉ DES LETTRES DE
STRASBOURG, DOCTEUR EN MÉDECINE, ETC., ETC.

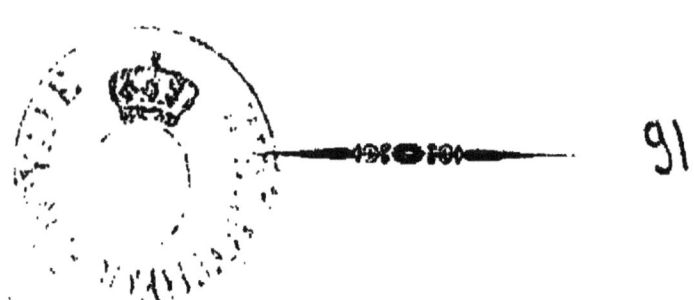

A STRASBOURG,
CHEZ FÉVRIER, LIBRAIRE, RUE DES HALLEBARDES, N° 23.

A PARIS,
CHEZ DERIVAUX, LIBRAIRE, RUE PERCÉE St-ANDRÉ N° 11.

1833.

STRASBOURG, IMPRIMERIE DE Me Ve SILBERMANN.

AVERTISSEMENT DE L'AUTEUR.

Le discours, que nous offrons aujourd'hui au public, était destiné à servir d'introduction à un *Manuel de Philosophie*, auquel nous travaillons et qui paraîtra plus tard. Des circonstances particulières nous ont décidé à publier cette introduction d'abord; et en outre, comme elle expose nettement notre manière de voir, nos convictions en philosophie, les principes d'où nous partons, la méthode que nous suivons, l'esprit et le but de notre enseignement, nous avons aimé à faire au public cette déclaration de principes, afin qu'on nous reconnaisse pour ce que nous sommes, et qu'on nous juge sur nos paroles. Notre enseignement a été l'objet de jugemens si divers, si contradictoires, que nous avons cru nécessaire de le montrer en résumé tel qu'il est. On verra dans ce discours ce que nous croyons, ce que nous pensons, ce que nous désirons. Puissent nos lecteurs le croire et le désirer avec nous!

Strasbourg, le 2 février 1833.

Sic enim creditur et docetur quod est humanæ salutis caput, non aliam esse philosophiam, id est sapientiæ studium, et aliam religionem.

D. Augustini, *De Verâ Relig.* Cap. 5.

DE L'ENSEIGNEMENT

DE LA

PHILOSOPHIE EN FRANCE,

AU DIX-NEUVIÈME SIÈCLE.

La société en France présente aujourd'hui un spectacle bien extraordinaire, celui d'un édifice violemment ébranlé, et qui, n'étant plus soutenu sur le sol que par quelques points d'appui et des étais artificiels, paraît comme suspendu en l'air, et prêt à tomber en ruines au premier choc. Une multitude de travailleurs s'empressent à faire des fondations nouvelles; ils s'agitent sous l'édifice et dans l'obscurité; mais par malheur ils ne s'entendent pas; ils se disputent, s'opposent l'un à l'autre et ne songent pas que l'édifice, en croulant, les ensevelira sous ses ruines. Image trop fidèle de notre position présente! Nos institutions sociales sont encore debout, mais on ne sait plus sur quoi elles posent: car tous les principes ont été mis en doute. C'est pour cela que chez nous aujourd'hui toutes les questions sont des questions de principes. Chacun demande des principes, sentant bien que les choses ne peuvent se soutenir sans base; ou plutôt chacun veut fournir des bases, faire des principes. Il y a peu d'hommes de nos jours qui n'aspirent à la gloire d'être fondateurs. Il semble que nous ne vivions que d'hier, que le monde vienne de sortir du cahos, et que chaque raison ait la mission de l'organiser; et, comme il arrive toujours quand la raison humaine ne veut plus croire qu'à elle-même, le monde et la société sont livrés à ses disputes. Nos travailleurs se combattent au lieu de s'entre-aider: ils cherchent bien plus à empêcher ou à détruire l'œuvre de leurs adversaires, qu'à jeter un fondement solide. Il faut absolument que l'édifice soit assis sur leur base, ou qu'il s'écroule. Périsse la société plutôt qu'un principe! Tel est le cri des partis, et savent-ils ce qu'ils entendent par un principe?

Nos institutions sont encore debout! Mais sur quoi reposent-elles? Nous sommes censés avoir une religion, puisque dernièrement encore la religion catholique a été déclarée celle de la majorité des Français; ce qui suppose que la majorité des Français en a une. Nous nous reconnaissons, du moins officiellement, peuple chrétien : qu'en est-il en réalité? La religion suppose la foi, une foi vive et éclairée. Où la trouve-t-on ? L'édifice extérieur de la religion subsiste encore en France : mais comme il est miné !..... que de pierres ont été retirées des fondemens ! Il serait déjà renversé s'il n'avait d'appui que sur la terre, s'il n'était soutenu d'en haut. Je demande s'il est possible d'imaginer une plus grande confusion que celle qui règne de nos jours dans ce qu'on appelle les *principes religieux* en dehors de l'église catholique. Qu'est-ce que la religion pour tous ceux qui dédaignent l'héritage sacré des ancêtres, repoussent les traditions anciennes et ignorent l'esprit et le but du christianisme ? Chacun vous l'expliquera à sa manière ; les uns comme une illusion pieuse, peut-être même une duperie ; les autres comme une doctrine utile, répondant assez au besoin du cœur et à l'intelligence de l'homme, mais qui doit être entendue, expliquée d'une certaine façon, et ils se mettent à dogmatiser : d'autres comme un mélange de vérités et de fables, accumulées et confondues par les siècles et dont il faut faire le triage pour en prendre ce qui vous convient. D'autres enfin, et ce sont ceux en qui l'esprit du siècle n'a pas entièrement éteint le flambeau de la foi, mais qui repoussent la lumière ou la craignent, parce qu'elle les gêne, ceux-là respectent intérieurement la religion qu'ils regardent comme une condition nécessaire de l'ordre social; ils participent à son culte autant qu'il faut pour satisfaire à leur conscience, pas assez pour compromettre leur raison aux yeux du monde, en paraissant croire à des vérités que le monde repousse. Déterminez, si vous le pouvez, quels sont les principes religieux de ces diverses classes d'hommes: cherchez en quoi vous pourrez les accorder; essayez de rapprocher ceux qui veulent encore quelque chose de religieux, et vous vous convaincrez, par la discussion des opinions, que chacun prétend fonder l'édifice à sa manière, et qu'en définitive il y a autant de religions que de têtes pensantes. Et voilà où nous en sommes en France, sur ce qui importe le plus à la conservation et au progrès intellectuel de la société comme au bonheur des individus! A part une petite minorité de chrétiens vraiment fidèles qui ont foi en la Vérité et pratiquent ce qu'elle leur enseigne, il n'y a dans les hommes du siècle, même en ceux qui sentent le besoin de religion, que pensées vagues, opinions contradictoires, incertitudes, obscurité, confusion et finalement indifférence stupide ou désespoir.

Où en sommes nous sous le rapport de la moralité? Y a-t-il aujourd'hui des principes moraux généralement reconnus, comme devant servir de règle à la société et aux particuliers? La morale chrétienne est toujours regardée par le grand nombre comme la plus pure et la plus sublime: mais on se contente de l'admirer, sans la croire obligatoire dans la pratique, parce que sans la foi au dogme, dont elle ressort, elle n'a point de sanction. Demandez donc à ces hommes ce qu'ils mettent à la place? Quels sont les principes de leurs actions, les mobiles de leur conduite? Ce que c'est que le bien, le mal, le juste et l'injuste, et vous allez voir surgir mille opinions contradictoires, qui dans leur dernière expression se réduiront toutes à un seul point, l'intérêt, quel qu'il soit, de celui qui les propose. L'égoïsme dévore la société actuelle; tout le monde le voit, le dit et s'en plaint. On n'entend que lamentations sur la corruption des hommes du temps qui, n'ayant plus d'autre motif de conduite que leur intérêt, sont toujours prêts à violer la justice pour se satisfaire et desquels on ne peut espérer rien de grand, rien de stable, parce qu'il n'y a en eux ni générosité, ni dévouement. Et pour qui voulez vous que l'homme se dévoue, quand il n'aime que lui? Est-ce pour son semblable, un homme comme lui? A quel titre, puisqu'il est son égal? Il y aurait déraison de le faire, ce serait tout au moins un luxe de générosité. Est-ce pour la société? Qu'est-ce que la société pour celui qui n'y voit que des individus réunis pour faire mieux leurs affaires? Alors viennent les grandes phrases philosophiques : il faut se dévouer à la justice, à la vérité, au bien absolu, c'est une dictée de la conscience; c'est le grand *impératif cathégorique :* faire le bien pour le bien, voilà ce qui convient à la dignité de l'homme; voilà ce qui fait la véritable grandeur, l'héroïsme, etc. etc. Tout cela est très-bien: mais où sont les héros qu'a faits le grand impératif cathégorique? où sont les hommes généreux, les grands hommes qu'a produits la philosophie du jour? Il en est de ces sublimes théories comme de toutes les autres; c'est le *moi* qui en est le point de départ et l'aboutissant. Quand on fait tout sortir de l'homme, on ramène inévitablement tout à lui. Il faut donc convenir que dans la société actuelle, telle qu'elle va, en dehors du cercle des vrais chrétiens qui savent comment il faut vivre, parce qu'ils savent ce qu'il faut croire, il n'y a vraiment point de principe fixe de moralité, et par conséquent aucune semence de vertu; ou plutôt il n'y a plus qu'un seul principe des actions humaines, c'est le *moi,* l'intérêt propre, l'égoïsme se déguisant sous toutes les formes, même les plus gracieuses, les plus lumineuses, mais restant au fond ce qu'il est, un serpent. Il a beau se cacher sous les fleurs, et se parer des plus brillantes couleurs : même quand il séduit par les apparences et fascine par son regard, le froid mortel qu'on ressent à son approche trahit son poison.

Aussi le monde lui-même commence-t-il à n'être plus la dupe des systèmes de morale des philosophes. Les épreuves successives qu'il en a faites, l'ont désenchanté. La morale de l'intérêt, suivie dans la pratique, est au moins désavouée dans la spéculation; et les théories sentimentales ou stoïques de la sympathie, de la bienveillance universelle, de l'humanité, de la philantropie, de la raison absolue, de la liberté pure, de l'indépendance morale, n'ont plus guère pour partisans que quelques savans qui en parlent dans leurs leçons ou dans leurs livres, et s'en inquiètent peu dans la réalité de la vie. Nous trouvons donc les mêmes contradictions, la même incertitude dans la morale que dans les opinions religieuses. Notre société, chrétienne d'origine et de nom, ne l'est plus par le fait; elle n'a ni la foi, ni la science, ni la vertu du christianisme.

Que serait-ce si nous voulions examiner à fond l'état politique de la société ? sur quelle base est elle assise aujourd'hui? d'où vient le pouvoir et quel est son but? d'où tire-t-il son autorité? de qui reçoit-il sa sanction? questions qu'on ne peut résoudre ou que chacun résoud à son gré, puisque les principes les plus opposés dominent tour à tour, tantôt se combattant ouvertement pour se détruire, tantôt s'embrassant comme pour s'unir, et ne formant qu'une confusion. La vérité est que nous ne savons plus où nous en sommes, ni où nous allons. La société marche au jour le jour, comme chacun. On est content pourvu qu'on vive. La vie publique n'est pas mieux réglée que la vie privée. La législation est dominée par les intérêts, par les passions des partis, et l'administration, sans principes fixes, s'abandonne aux circonstances, et subit la nécessité du moment. Donc en politique comme en morale, comme en religion, lutte des opinions, combats de mots et confusion de tous les principes.

Cependant au milieu de ce bouleversement d'idées, de ce cahos d'opinions, de l'agitation désordonnée qui en est la suite, l'âme humaine, faite pour le bien, le réclame sans cesse, et son intelligence, toute obscurcie qu'elle est par les nuages de tant d'erreurs, cherche encore la vérité. Jamais les hommes n'ont été moins satisfaits en général de leur état, plus avides de changemens, sans prévoir ce qu'ils gagneront à changer. Un malaise vague et indéfinissable les travaille. De là tant d'essais pour arriver à un mieux quelconque ; tant d'efforts infructueux et qui nous épuisent en de vaines expériences. Comme il n'y a point de principe de vie dans la société actuelle, comme l'homme ne croit plus qu'à lui, il est aussi réduit à lui-même. Son activité n'est que l'exaltation d'un moment; car elle n'a point d'objet réel, et ne sait où se diriger. Il désire, il veut, il veut pour lui; mais il ne sait pas ce qu'il veut, ni où le prendre. Aussi dans la vie publique comme dans la vie privée, rien n'est lié, suivi, rien n'est constant : tout va par sauts, par saccades, par mouvemens brusques et comme au hazard. C'est une autre toile de Pénélope, où l'on défait la nuit ce qu'on a fait le jour; et cependant on veut fonder, on veut tout refaire à neuf, on ne prétend à rien moins qu'à bâtir pour l'éternité. Les chartes, les constitutions, les lois, les organisations, etc., doivent être à toujours, et le toujours va périr demain. Où trouver le remède à un tel mal, après que nous avons abusé de tous les moyens offerts par la Providence pour la conservation et la prospérité des peuples? Nous voulons de l'ordre, mais sans subordination; nous voulons de la paix, mais sans repos; nous voulons de la stabilité, et nous repoussons cela seul qui est éternel. Le plus grand malheur de notre siècle, c'est que la foi religieuse lui manque; et elle lui manque, parce qu'on a séparé la foi de la science, parce qu'on les a déclarées incompatibles, si non contraires. De là l'espèce d'aversion, de dégoût qu'il éprouve pour tout ce qui se rapporte à la foi, et le dédain ou l'indifférence avec laquelle il entend toute parole qui se présente sous cette forme et avec ce caractère. C'est de la science qu'il veut; c'est donc par la science qu'il faut lui parler. L'enseignement scientifique doit devenir le canal salutaire par où un peu d'eau vive sera versée dans les cœurs brûlans et desséchés. La philosophie, voilà notre dernière ressource pour revenir à la vérité, quand la foi est morte. C'est la planche de salut dans le naufrage des croyances, au milieu de la mer du doute. Par la philosophie seulement, c'est-à-dire, par l'étude approfondie de lui-même, de ses facultés, et de ses rapports avec ce qui est au-dessus de lui comme avec ce qui est au-dessous, l'homme d'aujourd'hui peut être ramené à croire aux vérités religieuses, parce qu'elle lui en donnera l'intelligence ou au moins le pressentiment. De nos jours pour redevenir chrétien, il faut commencer par être philosophe.

Mais ici se présente une grave difficulté. La philosophie, disons-nous, peut seule nous secourir dans l'état présent des esprits. Mais de quelle philosophie voulons-nous parler? Où trouver cette école de la sagesse? Dans quel livre a-t-elle déposé son symbole? Je vois en France beaucoup d'institutions où l'on enseigne quelque chose qu'on appelle de la *philosophie*. Je connais beaucoup de livres qui portent le titre de *philosophie*. A laquelle de ces institutions, auquel de ces livres adresserons-nous ces jeunes hommes du siècle, que l'éducation littéraire a préparés à des études plus sérieuses, qui ne se contentent plus de phrases et d'images; mais qui sentant le besoin de connaître les hommes et les choses, s'inquiètent dans leur esprit de ce qu'ils sont, pourquoi ils sont, et de ce qu'ils doivent être? La jeunesse d'aujourd'hui, mêlée peut-être trop tôt au mouvement de la société, ne reste point étrangère aux grandes questions qui l'agitent. On peut presque dire que dans notre siècle il n'y a plus de jeunes gens, et c'est un malheur; car les hommes n'ont plus le temps de mûrir, ils se mettent à l'œuvre avant d'être formés. Mais enfin les choses sont telles, et il faut tâcher d'affaiblir le mal, si nous ne pouvons le guérir, en dirigeant cette activité immodérée de l'esprit dans une voie convenable et vers un but légitime. Il faut offrir à ces jeunes âmes avides de science, et qui la cherchent partout avec l'ardeur et la générosité de leur âge, il faut leur offrir une doctrine forte, substantielle, vivante, qui éclaire leur intelligence en même temps qu'elle parlera à leur cœur, et y fécondera les germes des grandes actions et des vertus humaines. Il faut leur donner des idées et des émotions, les faire sentir et voir en élevant leur regard et leur désir par un haut enseignement vers la vérité et le bien. Encore une fois, où les adresserons-nous? à quelle école de philosophie faut-il les envoyer?

Trois écoles se partagent aujourd'hui, quoiqu'inégalement, l'enseignement philosophique de l'université de France; ce sont : l'école de *Condillac*, l'école *Ecossaise* et l'école *Eclectique*, et en dehors de l'université, dans les établissemens d'instruction, destinés à préparer à l'église ses ministres, là où l'on est resté étranger à la marche du siècle, et c'est presque partout, on retrouve l'ancien *Rationalisme scolastique;* et là où quelque chose du mouvement actuel des esprits a pénétré, on reconnaît la pensée et la tendance d'une doctrine nouvelle, qui a pour chef un des écrivains les plus distingués du siècle, et qui s'intitule : *Philosophie du sens commun.* Voilà, en peu de mots, la statistique de l'enseignement philosophique en France.

———•———

La doctrine de Condillac, si en vogue à la fin du dernier siècle et au commencement de celui-ci, compte aujourd'hui peu de partisans. Elle a beaucoup perdu depuis que la tendance au matérialisme s'est arrêtée, et qu'un nouvel esprit, contraire à celui du dix-huitième siècle, a prévalu au sein d'une société toute renouvelée dans son existence intellectuelle et morale. Malgré l'incrédulité ou l'indifférence religieuse du siècle, il est évident que de nos jours on marche dans la voie du spiritualisme : toutes les doctrines qui s'y rapportent, religieuses ou non, prennent le dessus; et, bien qu'il y ait de grands écarts, de monstrueuses aberrations, c'est encore une consolation pour l'ami de la vérité et de l'homme, de le voir revenir de la dégradation du matérialisme à une opinion plus noble de lui-même, de le voir prendre une direction plus digne de l'humanité. La philosophie de Condillac, mise en pratique générale, ou réalisée par les mœurs populaires, nous eut précipités inévitablement dans la barbarie, dans l'état sauvage; non que l'auteur de cette doctrine ait voulu ou prévu ces conséquences : il ne voyait probablement pas toute la portée de son système. Comme tant d'autres alors, il spéculait dans son cabinet, sans s'inquiéter de la pratique et de ses résultats. Quoiqu'il en soit, les tristes fruits de ces spéculations en ont dégouté les hommes de l'époque actuelle, et aujourd'hui la philosophie de la sensation a peu d'adeptes, surtout parmi la jeunesse pensante. Ceux qui la prônent ou l'enseignent encore sont des hommes du siècle passé, qui l'ont étudiée dans leur jeune âge, qui l'ont professée par leurs écrits ou dans leurs cours, et tiennent ainsi naturellement à ce qu'ils ont pensé, dit et écrit. Encore ont-ils beaucoup modifié le système du maître, dont la base a été ruinée, et que ses conséquences ont totalement discrédité. La doctrine de la *sensation transformée* est entièrement abandonnée, même par les admirateurs de Condillac et de sa méthode. Le traité des sensations n'est plus regardé que comme une hypothèse plus ou moins ingénieuse, mise à la place d'une observation sérieuse de l'être humain. L'homme-statue n'est plus à la mode; et on comprend aujourd'hui que pour connaître l'homme et le développement de ses facultés, il faut l'étudier, l'observer et non l'inventer ou l'imaginer; il faut le voir tel que la nature le fait, et non le faire de toutes pièces. Nous serions vraiment embarassés de dire ce qu'un esprit, qui veut philosopher sérieusement, peut trouver dans les doctrines du sensualisme. De Dieu, et de tout ce qui dépasse l'homme, il n'en est pas question; et en effet, ce n'est ni par les sens, ni par des sensations que la lumière de ces hautes vérités nous arrive. Quant à l'homme considéré en lui-même, je ne sais trop ce qu'il est pour les philosophes de cette école. Ils parlent beaucoup des facultés de l'homme, fort peu de sa nature; et parmi ses facultés ils ne considèrent guères que celles qui sont le plus immédiatement en rapport avec le corps, et qui en dépendent le plus, savoir: la sensibilité physique, la mémoire, l'imagination et les opérations inférieures de l'intelligence qui servent à transformer, suivant le système, les sensations et les images en pensées abstraites et en notions générales. Là s'arrête la puissance de *l'idéologie,* comme on l'a appelée; le dernier terme de ses efforts est d'expliquer comment se fait une abstraction; et elle croit naïvement avoir expliqué l'homme, quand elle a rendu raison d'après sa méthode, de la manière dont il forme une généralité. Quant aux actes supérieurs de l'intelligence, tels qu'ils se développent dans les vues du génie, dans la conception des idées universelles, dans les hautes intuitions intellectuelles, dans la contemplation de l'idéal et des idéaux, elle ne les soupçonne même pas. C'est un monde inconnu qu'elle ne découvre point au milieu du brouillard des sens. Elle ne peut dépasser l'atmosphère où elle est née; et si elle aperçoit dans son horizon quelques reflets de cette lumière supérieure, ou elle les regarde comme des illusions de l'imagination, comme des *hallucinations*; ou elle les explique intrépidement comme des effets complexes de la sensation, de la mémoire et du raisonnement, d'une manière aussi spirituelle et aussi satisfaisante que certains naturalistes en religion expliquent les mystères, ou que les exégètes modernes rendent raison des miracles.

Que sera-ce donc, si, outrepassant l'intelligence, nous voulions descendre dans les profondeurs de l'âme et y sonder l'abîme de la volonté, le foyer de la vie, au point le plus intime, le plus impénétrable du moi humain, là où toutes les impressions aboutissent, où tous les ébranlemens retentissent, d'où partent toutes les irradiations vitales, d'où jaillissent toutes les manifestations de la vie morale, où siège la liberté! Voilà les mystères dont les hommes d'aujourd'hui, avides de savoir, demandent raison! Ils veulent connaître l'homme dans la profondeur de sa nature, et non à sa surface; ils veulent le voir dans l'exercice intérieur de ses puissances et de ses plus nobles facultés, par lesquelles il entre en rapport avec ce qui lui est supérieur, et non pas seulement dans les relations accidentelles de son organisme, dans les impressions fugitives de ses sensations, et dans les petites opérations de sa raison, transformant les images en notions, les notions en images, et jouant avec les mots qu'elle compose et décompose à son gré. Ils veulent apprendre ce qu'ils sont au milieu du monde, et ce qu'ils y ont à faire, quels rapports nécessaires les lient à tout ce qui existe autour d'eux, et les lois qui résultent de ces rapports. Ils veulent savoir d'où est venu tout ce qu'ils voient, et ce que tout cela deviendra, eux surtout! car rien n'intéresse plus l'homme que l'homme. Ils veulent enfin de la science et de la sagesse, c'est-à-dire, une philosophie qui leur enseigne ce qu'il faut vouloir et ce qu'il faut faire. La doctrine des sensations ne peut répondre à tant d'exigences. L'homme d'aujourd'hui avec ses besoins moraux plus profonds, sa conscience plus éclairée, ses idées plus vastes, ses vues qui tendent toujours à l'universel, ses pressentimens sublimes, son activité ardente, l'homme d'aujourd'hui n'est plus son homme ou sa statue: il ne peut se reconnaître dans une machine à sensations, dans un mannequin idéologique, ou dans une masse organisée pour sentir, qui tire à tout instant sa vie et son esprit de tout ce qui l'entoure.

Voyons si l'école Ecossaise présentera plus de ressource à celui qui cherche la science et la sagesse.

———•◆•———

Cette doctrine, ou plutôt cette manière d'étudier l'homme, d'origine étrangère, comme son nom l'indique, a été importée en France par un homme d'une raison forte, d'un sens droit, et qui a joui d'une grande autorité dans nos affaires publiques. C'est dans une chaire de la faculté de Paris que les opinions de Reid et de Dugald Steward ont été d'abord exposées, et c'est par quelques élèves de l'école normale que cet enseignement s'est étendu. Il a produit du bien, nous le reconnaissons. Il a tué le *Condillacisme* qui dépérissait ; il a débarrassé l'étude de l'homme des hypothèses et des suppositions ; il a remis l'observation psychologique en honneur, et ainsi il a contribué à augmenter la masse des matériaux philosophiques. Mais qu'il ait présenté une doctrine vaste et profonde, une doctrine analytique et vivante, qui éclaire l'intelligence, remue l'âme, dirige la volonté ? Non, il ne l'a point fait, il ne pouvait le faire, comme l'exposé rapide de ce qu'il est va nous le montrer.

La maxime fondamentale de l'école Ecossaise est de n'admettre en philosophie que ce qui peut être constaté par l'expérience, ou déduit de faits bien observés. C'est la méthode expérimentale de Bacon, transportée sur le terrein psychologique. Le champ de l'expérience, c'est ici la *conscience* humaine, qui est en même temps le grand instrument de l'observation, l'*organum* infaillible. Le regard de l'homme se replie sur lui-même, pour se contempler dans le miroir de son entendement. Il se voit, s'observe dans toutes les opérations de son activité intérieure, et il note, comme vérités, les phénomènes qui apparaissent sur cette scène du dedans, ou autrement, comme on dit dans cette école, les faits qui tombent sous l'apperception de la conscience. Toute la philosophie se trouve donc concentrée, en définitive, dans la conscience propre de chaque philosophe, puisqu'il ne doit admettre que les faits de sa conscience, ou ce qu'il aura vérifié par son expérience personnelle des observations d'autrui. La tâche de chacun est d'augmenter le nombre des faits bien observés sur chaque question, sans se presser de généraliser ou d'induire. Ce sont des matériaux préparés pour l'avenir; et il faudra des siècles d'observations pour obtenir une induction certaine. Malheur à ceux qui se hâtent de conclure! Ils font avorter la solution des problèmes, et en même temps qu'ils se consument en d'inutiles travaux, ils retardent le mouvement de la science, en l'embarrassant de préjugés, de vaines opinions et de théories fragiles.

Les faits de la conscience se distinguent en deux espèces : les uns qu'on appelle *primitifs*, parce qu'on ne peut les résoudre en d'autres faits antérieurs; les autres qui sont regardés comme secondaires, parce qu'ils rentrent dans les premiers ou s'expliquent par eux. Les docteurs écossais et français de cette école ont singulièrement multiplié le nombre de ces faits primitifs, ou *premiers principes* de l'entendement humain, comme ils les appellent. Ce sont les articles de foi ou les dogmes de leur philosophie. Tout fait, qui résiste à leur analyse, est salué du nom de premier principe. Ils font en psychologie tout juste ce qu'on fait dans les connaissances naturelles, où l'on regarde comme élément tout corps qu'on ne peut décomposer, où l'on déclare simple ce qu'on n'a pu diviser. Du reste, la méthode de Bacon devait donner partout des résultats semblables, qu'on l'appliquât aux faits de la nature physique ou à ceux du monde spirituel. Les *lois* ou les principes, qu'elle pose comme obtenus par l'observation et l'induction, ne sont jamais que des faits plus généraux qu'elle ne peut résoudre en d'autres faits, ou des propositions abstraites avec peine et plus ou moins exactement des phénomènes connus de l'observateur, et qui n'ont de valeur que pour ces cas. Qu'on procède ainsi dans la connaissance du monde matériel, il n'y a pas de mal; on tire toujours quelqu'utilité de cette doctrine empirique, appliquée à l'exercice des arts mécaniques et au développement de l'industrie. Mais il ne faudrait pas appeler *science* des descriptions qui au fond n'expliquent rien, ni surtout prétendre faire de la philosophie de cette manière. Des monographies de facultés, qui ne tiennent pas plus entre elles que les traités de nos cours de physique ou les chapitres de nos livres de physiologie, ne donnent pas la science de l'homme; car elles ne nous apprennent rien de son principe, de sa nature, de sa loi, de sa destination; et, en définitive, c'est cependant l'idée que l'homme se forme de lui-même, qui le détermine dans l'exercice de sa liberté, et qui fait sa moralité.

Toutes ces questions, les questions vitales de la philosophie et les seules, après tout, qui intéressent sérieusement l'homme d'ici bas, sont insolubles pour l'école Ecossaise; ou, si elle se hazarde à affirmer quelque chose en ces matières, comme elle prétend tirer tous ses principes de la conscience individuelle, et qu'elle repousse comme préjugé tout ce qui viendrait à l'homme d'ailleurs que de lui-même, ses assertions n'ont aucune portée *objective*, aucune force métaphysique : car, ainsi que Kant l'a très-bien démontré, toute notre manière de connaître dépend des formes de nos facultés, des conditions de notre organisation, des lois de notre esprit, lesquelles, étant purement *subjectives*, ne peuvent jamais le transporter au-delà des bornes de sa subjectivité, ni l'autoriser à affirmer la vérité de l'être en lui ou hors de lui. Ainsi tombe l'autorité objective des premiers principes ou faits primitifs de l'école Ecossaise : ainsi elle est ruinée dans sa base!

C'est ce que les docteurs français ont compris, après avoir connu les travaux de Kant; et ceux qui n'ont pas eu le courage de sortir du cercle étroit, que la méthode Baconienne traçait autour d'eux, se sont contentés de marcher sur les traces de Reid et de Dugald-Steward, commentant et amplifiant leurs travaux, observant, analysant, disséquant comme eux les phénomènes de la conscience, mais laissant dans le vague, dans le doute, dans l'obscurité tous les grands problêmes philosophiques. C'est tout au plus s'ils osent affirmer que l'homme a une âme. Peut-être s'aventureront-ils jusque là, en vertu de ce qu'ils appellent le *principe de la substance*, loi primitive de notre esprit qui nous porte à supposer un *substratum*, que nous ne voyons pas, à toute qualité que nous percevons! Mais quelle est la nature, la dignité de cette substance? Est-elle nécessairement analogue à la qualité que nous lui attribuons? Une substance matérielle ne pourrait-elle pas, comme Locke l'a demandé, soutenir des qualités spirituelles; ou autrement, la faculté de penser ne pourrait-elle pas aussi avoir été accordée à la matière? Les faits observés jusqu'à présent, a-t-on répondu, ne nous ont point encore fourni assez de données, pour qu'on puisse en conclure légitimement ce qui fait la différence de l'esprit et de la matière. Disons seulement que ce qu'on appelle âme est une force, une substance pensante, sans rien préjuger sur sa nature. Mais d'où vient cette force, où va-t-elle? Quel est le but de son activité? Pourquoi est-elle unie à son corps actuel? Que deviendra-t-elle, après la dissolution de la forme sous laquelle elle apparaît? Tous ces problèmes (les vrais problèmes de la philosophie) sont déclarés insolubles par l'école Écossaise : elle les regarde comme des questions oiseuses, parce que dans sa méthode, il n'y a aucun moyen de les résoudre.... et cependant la direction de l'humanité sur la terre dépend de la solution de ces questions! L'homme, à moins de renoncer à sa dignité d'être intelligent, ne peut pas ne pas chercher à acquérir une conviction en ces choses, qui lui importent plus que tout le reste. Que lui parlez-vous de morale, s'il ne croit pas à sa nature spirituelle et à son immortalité, s'il ne sait s'il est matière ou esprit? comment imposerez-vous une loi, un devoir, une obligation à un être qui ne connaît point de supérieur, qui s'aime naturellement par-dessus tout, et qui ne sait si quelque chose de lui survivra à son existence d'un moment? Quelle direction pouvez-vous marquer à sa vie, quel but proposer à sa volonté, s'il ignore son origine et sa fin; et comment saura-t-il où il faut aller, s'il ne sait d'où il vient? Nous concevons que l'école Ecossaise, pour être fidèle à son principe, répudie les questions d'origine et de fin. Comme Newton, elle refuse de s'occuper de la nature des choses, parce qu'elle ne veut point faire d'hypothèses; *hypotheses non fingo*, et elle regarde comme hypothèse en philosophie tout ce qui n'est point fait de conscience, ou tout ce qui ne s'en déduit pas nécessairement. Mais nous concevons aussi pourquoi cette école, distinguée du reste par son bon sens, par sa patience d'observation, par ses nombreux travaux, excite aujourd'hui si peu d'intérêt et a une influence à peine aperçue, au milieu du grand mouvement qui agite la jeunesse intelligente. C'est que cette jeunesse demande à la philosophie des vues, des idées, des sentimens que la contemplation stérile du *moi* ne peut produire.

L'Eclectisme s'est présenté pour les lui donner. Long-temps il les lui a promis : voyons s'il a tenu parole.

———

La théorie Ecossaise qui arrête l'homme dans le cercle étroit de sa conscience et le condamne à se dessécher dans la considération de lui-même, ne pouvait suffire aux esprits méditatifs, qu'un instinct sublime pousse sans cesse à scruter les mystères de l'homme et de la nature; et si ces esprits ne connaissent point la voie qui mène dans ces profondeurs, ou si le flambeau leur manque pour y descendre, cherchant la vérité et ne sachant où la trouver, ils vont la demander aux hommes de tous les temps, ils ramassent à grande peine, à travers les siècles, leurs réponses si diverses, souvent si obscures, pour en extraire laborieusement quelques traits de lumière, quelques traces de science et de vérité. Ceux-là ne s'en rapportent plus à la conscience individuelle : ils prétendent interroger la conscience du genre humain. C'est à son témoignage qu'ils en appellent, et ils vont cherchant le vrai dans les ouvrages des philosophes et dans les annales des peuples. Cette tendance de joindre à l'observation individuelle, à l'expérience de la conscience particulière, l'exploration de tous les systèmes anciens et modernes, a produit dans ces derniers temps la doctrine *éclectique*, professée avec éclat et avec un rare talent à la Faculté de Paris, sous l'influence bien marquée des spéculations allemandes les plus nouvelles.

L'Eclectisme, au dix-neuvième siècle, est ce qu'il a été dans tous les temps; un syncrétisme, un recueil d'opinions ou de pensées humaines qui s'aggrègent sans se fondre; ou autrement, un assemblage de membres et d'organes pris çà et là, ajustés avec plus ou moins d'art, mais qui ne peuvent constituer un corps vivant. La vérité, a-t-on dit, n'appartient à aucun système; car elle ne serait plus la vérité pure et universelle, si elle se laissait formuler dans une théorie particulière. Ce n'est ni dans les ouvrages de tel philosophe, ni dans les opinions de tel siècle ou de tel peuple qu'il faut chercher la philosophie;

c'est dans tous les écrits, dans toutes les pensées, dans toutes les spéculations des hommes, dans tous les faits par lesquels se manifeste et s'exprime la vie de l'humanité. La philosophie n'est donc pas à faire; ce n'est point le génie de l'homme qui la fait, elle se fait elle-même par le développement actuel du monde dont l'homme est partie intégrante : elle se fait tous les jours, à tout instant, c'est la marche progressive du genre humain; c'est l'histoire. La tâche du philosophe est de la dégager des formes périssables sous lesquelles elle se produit, et de constater ce qui est immuable et nécessaire au milieu de ce qui est variable et contingent. C'est fort bien. — Mais pour faire cette distinction, pour opérer cette séparation, il faut un œil sûr, un regard ferme et exercé; il faut le critérium de la vérité, de la nécessité; il faut une mesure, une règle infaillible, et où la philosophie Eclectique ira-t-elle la prendre? Ce n'est point dans une doctrine humaine, puisqu'aucune de ces doctrines ne renferme la vérité pure, et que c'est justement pour cela qu'il faut de l'Eclectisme. Ce n'est point dans la conscience, dans la raison individuelle, puisque l'une et l'autre ne sont que des faits particuliers et que le jugement privé est sans autorité objective. Aussi en appelle-t-on à la *Raison universelle,* à la *Raison absolue!* et ce serait très-bien encore, si cette Raison absolue se montrait elle-même sous une forme qui lui fût propre, et nous donnait ainsi la conviction que c'est elle qui nous parle. Mais il n'en va pas ainsi dans l'étude des choses naturelles. Là, la Raison universelle ne nous parle que par des raisons privées; là, *il y a toujours des hommes entre elle et moi.* C'est toujours un homme qui s'en déclare l'organe, l'interprête, et quand le philosophe vous dit: Voici ce que dit la Raison absolue! cela ne signifie rien, si non: Voici ce que moi, dans ma conscience et ma raison propre, j'ai jugé conforme à la Raison universelle!

L'Eclectisme ne possédant point ce critérium si nécessaire de la vérité, il ne se peut que son enseignement ne soit obscur, vague, incohérent. Il n'a point de doctrine proprement dite. C'est un tableau brillant, où toutes les opinions humaines doivent trouver place. Vraies ou fausses, elles expriment une pensée de l'homme, et ainsi elles ont droit aux égards du philosophe. Il ne faut point les juger par leurs conséquences morales; utiles ou nuisibles, bienfaisantes ou pernicieuses, elles ont toutes, à les considérer philosophiquement, la même valeur : ce sont des formes diverses de la vérité une. Mais si toutes les doctrines sont bonnes, en tant qu'expressions formelles de la raison de l'homme, toutes les actions le seront également, comme manifestations de son activité libre. Il n'y a ni ordre ni désordre pour un être intelligent qui ne connaît point de loi, ni de fin. Le crime est un fait comme la vertu; bien qu'opposés dans leurs résultats pour l'individu et la société, ils se ressemblent en ce qu'ils expriment l'un et l'autre un mode de la liberté: et voilà seulement ce qui leur donne une valeur philosophique. Les actions humaines n'ont d'importance, qu'à proportion qu'elles aident ou entravent le développement de l'humanité, qui doit toujours aller en avant, n'importe en quel sens ou vers quel terme. Conduite par la raison universelle, elle ne peut s'égarer, parce qu'il n'y a pas deux voies de perfectionnement. Il ne s'agit que d'être, d'exister et de se mouvoir. Les sociétés ne savent pas plus où elles vont que les individus: elles naissent et périssent, manifestant pendant leur durée une portion de la vie générale, et servant de point d'appui aux générations futures, comme celles-ci sont sorties elles-mêmes de ce qui les a précédées. Elles jouent leur rôle sur la scène du monde, et elles passent. Un siècle, si perverti qu'il paraisse, porte en soi sa justification : c'est qu'il était destiné à représenter telle phase de l'humanité. L'impression pénible, qu'il produit sur nos âmes, est une affaire de sentiment ou de préjugé. Vu philosophiquement et en lui-même, il n'est pas plus mauvais qu'un autre, et devant la vérité, il vaut dans son existence les siècles de vertu et de bonheur. C'est l'événement qui décide du droit; c'est le succès qui prouve la légitimité. La justice est dans la nécessité: car tout ce qui existe est un fait, et tout fait est ce qu'il doit être, par cela seul qu'il est.

Telles sont les désolantes conséquences de la philosophie Eclectique, dans la science comme dans la morale. Voilà où aboutit le grand mouvement philosophique de notre siècle ; c'est là qu'il est venu se perdre, laissant dans les esprits qu'il a agités, et comme dernier résultat, d'un côté une espèce d'indifférence pour la vérité à laquelle ils ne croient plus, parce qu'à force de la leur montrer partout, ils en sont venus à ne l'apercevoir nulle part; et d'un autre dans la conduite de la vie, avec une grande prétention au sublime, au dévouement, avec tous les semblans de l'héroïsme, un laisser-aller aux passions, l'aversion pour tout ce qui gêne et contrarie, l'abandon à la fatalité, la servitude de la nécessité sous les dehors de l'indépendance.

Cette philosophie si riche en promesses, mais si pauvre en effets, comme l'histoire le dira, est jugée aujourd'hui; et ce n'est plus à cette école qu'une jeunesse généreuse ira chercher de grandes idées, des sentimens profonds, de hautes inspirations.

Nous voici amenés aux écoles placées en dehors de l'enseignement universitaire, et plus spécialement destinées à préparer à l'Eglise ses ministres. Il semble qu'ici la philosophie ne puisse manquer de s'accorder avec les principes et l'esprit du christianisme, et qu'ainsi elle devra être, comme science de l'homme, une doctrine préparatoire aux hautes vérités de la foi ou une démonstration de ces vérités.

Il est à remarquer d'abord, que ces écoles ne sont à-peu-près fréquentées que par les aspirans au sacerdoce, surtout les cours de philosophie qui se donnent ordinairement en langue latine. Ainsi, en supposant qu'elles jouissent d'un bon enseignement philosophique, les avantages en seraient bornés aux élèves du sanctuaire. Les jeunes gens du monde n'y vont pas : ils les regardent comme arriérées de plusieurs siècles, comme ne répondant plus aux besoins du temps et aux lumières de l'époque. Ils sont persuadés qu'on n'y entend qu'un jargon barbare, qu'on n'y enseigne que de vaines arguties, des abstractions subtiles, des inepties scolastiques.

L'enseignement philosophique ecclésiastique se distingue aujourd'hui en deux écoles; l'une, qui comprend presque tous les cours établis dans les séminaires, est restée attachée à l'ancienne méthode, et nous pouvons l'appeler *Scolastique*; l'autre qui occupe encore peu de chaires, mais qui compte beaucoup de partisans dans le jeune clergé, se fait appeler *Philosophie du sens commun*, et prétend même être la vraie philosophie catholique. Nous les examinerons l'une et l'autre: car, bien qu'elles n'aient guères d'influence que sur les clercs, ce serait encore un bienfait immense, si elles contribuaient à en faire de vrais philosophes; puisque ces élèves sont appelés à devenir les instituteurs des peuples, et seront chargés un jour, par une mission spéciale, d'annoncer aux hommes les plus sublimes vérités, et de leur donner les premières leçons de sagesse.

———

Ce qu'on appelle aujourd'hui *Philosophie Scolastique* n'est point, à proprement dire, un corps de doctrine, un système de science: c'est plutôt une méthode pour examiner et juger les opinions humaines, contraires aux vérités métaphysiques. Cet enseignement n'a rien de commun avec les systèmes modernes; ceux qui le donnent, ou ne les connaissent point, ou ne voulant point s'en occuper. Il est resté au dix-neuvième siècle à peu près ce qu'il était au dix-septième; et c'est un spectacle singulier, au milieu du progrès général des connaissances humaines, de voir la Philosophie Scolastique garder ses anciennes allures, son vieux langage, ses formes usées, ne marchant point avec le siècle, ne voulant se mêler en aucune manière avec lui, bien qu'au fond elle participe à son esprit plus qu'elle ne croit: car, tout en gardant les formes et le langage du moyen âge, elle n'en a plus la foi, ni la science. Elle est *Cartésienne* dans son esprit, et c'est ce qui explique sa sécheresse et sa stérilité.

La Scolastique du moyen âge, toute raisonneuse qu'elle était, s'appuyait sur la foi en la parole traditionnelle et sacrée. Elle puisait dans cette parole toutes les vérités fondamentales sur Dieu, l'homme et le monde; elle y puisait les *principes* de ses raisonnemens, tout en se réservant de les justifier par l'argumentation. Quoiqu'on puisse dire de ce mélange de foi et de syllogistique, toujours est-il que la raison ne s'appuyait point sur elle même, qu'elle recevait ses prémisses de plus haut; et qu'ainsi ces prémisses subsistaient, les principes étaient respectés, reconnus nécessaires même au milieu des aberrations du raisonnement : ce qui rendait la méthode moins dangereuse.

Mais il vint un temps où la raison, fortifiée par l'exercice et s'exaltant en elle-même, ne voulut tenir les principes que d'elle, prétendant poser par sa propre force les fondemens de la science métaphysique; et alors commença ou plutôt reparut cet engouement pour ce qu'on appelle *connaissance naturelle*, dans laquelle l'homme, abandonnant les voies supérieures de la science, se sépare de la tradition, s'émancipe de la foi et veut trouver la vérité dans sa raison, ou s'élever par la seule puissance de sa pensée à l'idée de Dieu, à l'idée de son âme, de sa nature, de sa liberté, de son immortalité... etc. Il prétend, comme philosophe, n'admettre en ces questions que ce que sa raison aura examiné, jugé, démontré; et, comme chrétien, il se réserve la faculté de croire, indépendamment de sa science, tout ce que la religion lui enseigne sur ces mêmes vérités. Illusion déplorable! par laquelle il a cru satisfaire en même temps aux exigences de sa conscience et à l'orgueil de sa raison et qui a ruiné tout ensemble sa science et sa foi : Sa science, parce qu'elle n'a plus eu de principe; sa foi, parce que depuis ce moment elle n'a cessé d'être en lutte avec sa science. C'est Descartes qui a opéré définitivement cette scission entre les vérités philosophiques et les vérités religieuses; c'est lui qui a osé le premier proposer un doute général, au milieu de l'enseignement du christianisme! Cette supposition *du doute méthodique*, car ce n'est qu'une supposition, était déjà une protestation contre l'autorité de cet enseignement; c'était un acte anti-chrétien. Mais comme l'esprit humain ne peut rester dans le doute, après avoir annullé toutes les convictions qu'il tenait de la parole divine et de la foi de ses pères, Descartes essaya d'y suppléer par son esprit propre, et de reconstruire par sa pensée l'édifice de ses connaissances qu'il venait de renverser par elle. Il fallut bien employer les vieux matériaux pour le nouvel édifice; car il n'est pas donné à l'homme de rien créer; mais on changea la base. Jusque là on était parti de l'idée de l'Etre et de la foi en Dieu : ne voulant plus de la foi, l'homme partit de lui-même, de son *moi*, de son existence démontrée par la pensée : *Je pense, donc j'existe.*

Ce n'est pas sans motifs que le Cartésianisme a été repoussé pendant cinquante ans par les écoles où régnait encore l'esprit vraiment catholique.

Elles pressentaient ce qui devait arriver, savoir: qu'il détruirait la foi, en la faissant regarder comme inutile ou non nécessaire à la science, et comme contraire à la dignité de la raison philosophique. Et cependant au bout d'un demi siècle, la doctrine de Descartes avait envahi presque toutes les écoles chrétiennes, lesquelles, commençant à douter méthodiquement avec lui et ne voulant plus admettre en métaphysique que ce qui pouvait être justifié par l'examen critique de la raison, devinrent rationalistes à leur insçu, et travaillèrent, pour leur part et comme en aveugle, avec les ennemis de l'église à l'ébranlement et au démolissement de la société européenne, fondée par la foi catholique, et qui s'est écroulée à la fin du dernier siècle. Nous voilà aujourd'hui occupés à rebâtir avec ses ruines!

Eh bien! chose étrange! malgré cette grande leçon, on continue à marcher dans la même voie. C'est encore une opinion reçue dans les écoles catholiques que, lorsqu'on veut étudier la philosophie, il faut commencer par se faire incrédule par hypothèse, il faut supposer n'avoir point de foi, point de convictions religieuses: ou au moins faut-il tâcher qu'elles n'influent en rien sur le procédé scientifique de la raison, qui doit construire à neuf l'édifice de la connaissance. On impose sans scrupule ce reniement simulé de la foi comme condition préparatoire à l'étude de la philosophie! On le prescrit aux élèves du sanctuaire qui devront être un jour les apôtres de la foi!... On leur dit de la déposer à la porte de l'école, sauf à la reprendre quand ils en sortiront. On leur enseigne à raisonner sur Dieu et son existence, sur l'homme et ses devoirs, comme si Dieu ne nous avait jamais rien appris de Lui, de notre âme et de sa loi.... On leur recommande de mettre sous le boisseau pour un an ou deux le flambeau, que la religion a fait luire dès l'enfance dans leur entendement, pour ne voir et ne juger les vérités métaphysiques que par leurs lumières naturelles. C'est comme si on leur disait d'aller étudier les phénomènes de la nature dans les ténèbres de la nuit à la lueur d'une torche! Aussi combien de ces jeunes âmes qui ne retrouvent plus au sortir de l'école cette foi vierge, dont on les a dépouillées! Il leur arrive trop souvent ce qui est arrivé au monde moderne tout entier. Il a commencé par se séparer de la foi, pour faire de la science. Il a supposé n'avoir point de foi; et en raisonnant d'après cette supposition, il s'est accoutumé à s'en passer et a fini par n'en plus avoir.

Ce n'est point le lieu d'exposer en détail l'enseignement Scolastique de nos jours. Il suffit de reconnaître son point de départ, pour s'expliquer son état de langueur, son impuissance. C'est un Rationalisme mesquin, bien plus étroit que celui de l'école Ecossaise, puisqu'il renferme l'homme, non pas dans la sphère de sa conscience où il y a encore beaucoup à voir, mais dans le cercle resserré de sa raison, dans la formule du syllogisme. La pensée, dit-on, voilà l'attribut distinctif de l'homme, sa grande prérogative; et c'est pourquoi on le définit un *animal raisonnable*, et son âme une *substance pensante*. Or, l'opération la plus éminente de la pensée, c'est le raisonnement; et la forme nécessaire du raisonnement, c'est le syllogisme. L'essentiel est donc de bien connaître l'artifice du raisonnement, la construction et la décomposition du syllogisme. Donc la syllogistique est la meilleure méthode pour acquérir la science de Dieu, de l'homme et de la nature, comme aussi la vraie manière de communiquer la science ou de convaincre, c'est la dialectique, l'argumentation. Toute vérité se trouve au bout d'un bon syllogisme (excepté sans doute celle qui en fait la majeure). Il suit de là que l'enseignement philosophique de cette école se réduit à la logique et encore à la partie la plus technique de la logique.

Les problèmes les plus importans sont résolus à coup de syllogismes, et les majeures des argumens, dans lesquelles sont contenues les conclusions qu'on veut obtenir, sont reçues de confiance, soit comme évidentes par elles-mêmes, soit comme appartenant au sens commun, soit même comme vérités traditionnelles : car ici tout est mêlé et confondu. On suppose le plus souvent ce qui est en question : car la raison, ne pouvant se faire ses principes à elle-même, est bien obligée d'en supposer ou d'en admettre qu'elle ne fait pas. Voilà ce qu'on appelle de la philosophie dans la Scolastique moderne. Là le plus grand philosophe est celui qui dispute le plus intrépidement à tort ou à raison; ou plutôt c'est celui qui débite le mieux les argumens tout faits que lui fournit son livre ou que son maître lui dicte. Il ne s'agit point dans ces écoles de traiter à fond les questions; il s'agit de raisonner pour ou contre. C'est pourquoi on s'entoure d'un grand attirail de dialectique qui cache le vuide, et on supplée par l'appareil des formes au manque d'idées, de science et de vérité. Aussi quoi de plus aride, quoi de plus stérile, quoi de plus fastidieux que cet enseignement, au dire même de ceux qui sont obligés de le suivre ?

Reste à considérer la doctrine du *Sens commun*, laquelle, à en juger seulement par ses effets, ne se présente pas d'une manière favorable : car malgré le rare talent de son auteur et celui de ses partisans les plus zélés, elle n'a fait que soulever intempestivement les questions les plus difficiles, soit en religion, soit en politique, et elle a eu le malheur de semer la discorde là où se devraient trouver l'union, la paix et la charité.

Et d'abord, qu'est-ce que le *sens commun* dans le langage de cette école ?

Le sens commun [1], dit-on, est *le sens ou le sentiment commun à tous les hommes, ou du moins au plus grand nombre*; ce qui revient à dire que le sens commun est le sens commun.

Qu'est-ce qui prouve que le sentiment du plus grand nombre soit toujours le bon sens ; ou autrement, que la manière de voir et de juger de la multitude soit dans tous les cas la meilleure ? L'expérience montre-t-elle que la vérité et la sagesse aient toujours été le partage du grand nombre ? Les minorités auraient-elles toujours et nécessairement tort, par cela qu'elles ne sont pas la majorité ? Dans ce cas, et dans tout conflit de l'opinion du plus grand nombre et de l'opinion

---

[1] Catéchisme du sens commun, pag. 11.

du nombre moindre, ne serait-ce pas la majorité qui, à la fois juge et partie, se décernerait à elle-même et de plein droit le triomphe; ne serait-ce pas, en définitive, le sens commun qui s'adjugerait la gloire du sens commun?

On appelle aussi sens commun [1] la *raison générale ou universelle* qu'on oppose à la raison privée, laquelle, dit-on, parce qu'elle est faillible, est incapable d'avoir par elle seule la certitude d'aucune vérité; tandis que la raison générale étant nécessairement [2] infaillible, c'est par elle seulement que nous pouvons obtenir science et certitude.

Mais, tout en reconnaissant que la raison individuelle est faillible, qu'elle se trompe souvent, s'en suit-il qu'elle se trompe toujours, nécessairement et sur toutes choses? De ce qu'elle peut errer, faut-il qu'elle erre sans cesse; de ce que l'homme a par sa liberté le pouvoir de faire le mal, est-ce une nécessité qu'il ne fasse que le mal? La raison humaine pourrait-elle dévier, si elle n'était capable de rectitude? Mais a quel signe l'homme reconnaîtra-t-il qu'il est dans le vrai? Qui lui dira, que ce qui lui paraît vrai n'est pas

---

[1] Essai sur l'indifférence, etc. Catéchisme du sens commun, pag. 11.

[2] Essai sur l'indifférence, etc. 2 vol. pag. 81.

une illusion; que ses sens, son esprit propre, son sentiment intime ne l'abusent pas? Qui le lui dira? — La lumière naturelle qui le met en rapport avec les objets naturels, les lois de sa raison qui président à sa pensée, la conscience qu'il a de son sentiment intime. Qui vous assure qu'il fait jour en plein midi, si ce n'est votre œil et la lumière? Attendrez-vous pour l'affirmer que vous ayez consulté le grand nombre?

Tout cela, dit-on, ne donne pas de certitude absolue; j'en conviens. Mais vous-même qui croyez avoir cette certitude, qui vous tenez assuré du moins de n'être point dans l'erreur, quel est votre garant, quel est votre critérium de la vérité? Le témoignage de la raison générale qui, dites-vous, ne peut tromper. Qu'est-ce donc que cette raison générale à laquelle vous accordez si libéralement le privilége de l'infaillibilité? Est-ce la raison de tout le monde, ou au moins du plus grand nombre? Elle se compose donc de la totalité ou de la majorité des raisons particulières. Mais celles-ci, vous les reconnaissez faillibles, et de plus vous les déclarez incapables de science, de vérité, de certitude. Est-ce donc que des raisons faillibles, en se réunissant, constitueraient une raison infaillible? Est-ce en rassemblant toutes les incertitudes des raisons privées, que vous obtiendrez une certitude générale; et la collection des erreurs de tous les hommes finirait-elle par former la vérité? Encore une fois, qu'est-ce que la raison générale infaillible? N'est-ce qu'une abstraction, un être de raison? Alors elle n'a qu'une valeur individuelle; elle est le produit de l'esprit propre, le fruit d'une pensée humaine. Est-ce une réalité, une entité, un être *sui generis*, une idée à la Platon, un prototype de la raison humaine, qui plane au-dessus de toutes les raisons privées, les éclaire, les anime, les dirige, etc. Alors on demandera comment vous êtes arrivé à la connaissance de cet être mystérieux, par quel moyen extraordinaire vous recevez ses illuminations, et surtout comment vous pouvez être assuré que cette raison idéale vous parle et vous instruit?

La raison générale [1], dit-on, *se manifeste par le témoignage du genre humain.* C'est par la parole de tous les hommes qu'elle déclare ses oracles. Le consentement commun ou le sens commun est pour nous [2] *le sceau de la vérité.* Ce qui a été cru par tous, partout et toujours, est nécessairement vrai.

Soit. Il ne s'agit plus que de constater ce té-

---

[1] Essai, etc. 2 vol. pag. 81, 96, 129.
[2] Essai, etc. 2 vol. pag. 20.

moignage du genre humain sur les vérités les plus importantes pour l'homme, sur les vérités qui sont au-dessus des faits naturels et humains; il ne s'agit plus que de bien établir ce que tous les hommes ont cru toujours et partout. Qui fera ce relevé? Quel sera l'individu qui, se portant devant ses semblables comme l'organe du sens commun, comme le témoin et l'interprète des croyances générales de l'humanité, osera leur dire: Voilà ce que tous les hommes ont cru et ce que vous êtes obligés de croire? S'il parle en son propre nom, c'est une raison privée qui infirme par le vice de sa faillibilité la manifestation de la raison générale: s'il parle au nom d'une puissance surhumaine, il n'a que faire d'aller quêter des voix à travers les siècles: il n'a besoin ni de la majorité, ni de la généralité du genre humain. Qu'il prouve sa mission extraordinaire par des moyens, par des faits extraordinaires et alors qu'il annonce à la terre avec autorité ce qu'il a vu et entendu.

Eh oui! dit-on, c'est justement ce que nous voulons [1]; une autorité universelle à laquelle tous les hommes obéissent, en qui tous doivent avoir foi et *qui soit tout ensemble l'unique fon-*

---

[1] Essai, etc., 2 vol. pag. 89.

dement de vérité et l'unique moyen d'ordre et de bonheur. Entendons-nous ici sur les mots sacrés *d'autorité* et de *foi.* Voulez-vous dire que c'est la Vérité elle-même qui parle, par ce que vous appelez le sens commun? S'il en est ainsi, il n'y a pas à hésiter: il faut croire. Mais jusqu'à présent ceux qui se font gloire d'être chrétiens étaient persuadés, qu'anciennement Dieu avait parlé aux hommes par ses prophètes, et dans les derniers temps par son Fils unique; ils ont cru qu'ils ne devaient recevoir comme parole authentiquement divine, que celle qui leur était proposée par l'autorité instituée divinement à cet effet; ils ont réservé leur foi pour la parole de la vie éternelle, ainsi proclamée depuis dix-huit siècles! La Providence aurait-elle changé de voies et de moyens? L'Eglise ne serait-elle plus dépositaire des oracles divins, et seule infaillible? Le genre humain tout entier serait-il investi de la même puissance, aurait-il les mêmes droits à notre foi? C'est donc une nouvelle autorité que vous proposez, un nouveau genre de foi que vous nous demandez; et comme votre *critérium* de la vérité vous paraît plus général et plus sûr, vous affirmez aussi que le témoignage de l'Eglise tire sa force de son accord avec le témoignage du genre humain, ou autrement: que *la foi catho-*

lique n'est que le sens commun dans les choses de Dieu[1].

L'autorité de la raison générale n'est-elle qu'une autorité humaine, constatant des faits naturels et humains? Alors nous sommes pleinement d'accord. Toutes les raisons sont de la même nature, soumises aux mêmes lois; toutes reçoivent les élémens de leurs pensées d'un même monde par des sens et des organes semblables : il est donc clair que chaque raison doit, dans son état normal, s'accorder avec la pluralité des raisons, juger en général des mêmes choses de la même manière. L'avis du grand nombre a donc une autorité respectable dans tous les cas où il ne s'agit que de faits naturels, d'intérêts sociaux. Mais qu'on ne me donne point cette autorité comme infaillible, pas même dans sa sphère! Qu'on se contente de ma croyance, mais qu'on ne réclame pas ma foi pour une opinion humaine! La croyance est un acquiescement de ma raison à la parole de mon semblable, et elle peut se former de toutes sortes de manières. C'est une affaire de confiance ou de discussion. Le témoignage d'un grand nombre d'hommes, de tous les hommes, si vous voulez le supposer, peut me porter à ad-

---

[1] Catéchisme, etc., pag. 66.

mettre telle proposition, dont encore, par ce moyen seul, je n'aurai pas la science; mais la conviction ou la certitude, qui peut en résulter, n'est point de la foi: car la foi vient de Dieu et ne se rapporte qu'à Dieu; elle est divine dans son principe comme dans son objet. Si donc vous voulez que j'aye foi, présentez-moi une autorité qui ne soit celle ni d'un homme, ni d'un grand nombre d'hommes, ni de tous les hommes: car ce ne serait jamais que de l'humain; mais une autorité surhumaine qui porte en elle-même le caractère authentique de sa supériorité, et qui, à ce titre, s'impose légitimement à l'homme comme manifestation de Dieu même.

C'est au reste ce qu'on a senti quand, pour étayer la raison générale, on a tenté de la rattacher à Dieu et de la confondre avec ce qu'on appelle la *Raison suprême*. Par là, on a voulu lui communiquer l'autorité infaillible qu'elle ne peut puiser en elle-même, si générale qu'elle soit. Il ne restait donc qu'à *diviniser* la raison de l'homme pour pouvoir légitimement imposer la foi en la parole de l'homme; et, entraîné par l'esprit de système, on n'a point reculé devant cette apothéose! Voilà donc encore une fois la raison placée sur l'autel! Ses dictées sont proclamées comme des oracles, et tous, sous peine de folie ou d'impiété, nous devons lui apporter l'hommage de notre foi! C'est encore une prostituée qu'on présente à notre adoration; mais cette fois c'est la prostituée des siècles, celle qui a enfanté, dans son commerce adultère avec l'esprit d'erreur, toutes les doctrines bâtardes, tous les systèmes monstrueux, toutes les opinions désordonnées qui ont troublé le monde: hideuse progéniture du mensonge qui a infecté l'esprit humain au moment funeste de sa séduction et de sa dégradation. Et c'est cette raison séduite et dégradée que nous confondrions avec ce qu'on appelle la raison de Dieu! Car on lit quelque part cette phrase inconcevable: « Noble émanation de la substance « de Dieu, notre raison n'est que sa raison, notre « parole n'est que sa parole [1]. » Si c'est là le dernier mot du système, certainement son auteur ne l'a pas compris; il aurait reculé devant l'abomination du Panthéisme. C'est à cet abyme que sa doctrine aboutit, comme l'Eclectisme. Comme lui, elle fait peu de cas de l'homme individuel, elle déprime la raison particulière pour exalter la raison générale; comme lui, elle déclare absolue, nécessaire, infaillible cette idole de l'esprit propre; comme lui aussi, elle prétend l'imposer

---

[1] Essai, etc., 2 vol. pag. 93.

aux hommes comme *l'unique fondement, le sceau de la vérité* [1], comme le principe de la science et de la certitude. C'est la voix de Dieu se révélant infailliblement par la raison générale! C'est Dieu lui-même incarné, pour ainsi dire, dans le sens commun de tous les hommes! Alors, je le demande, qu'est-ce que Dieu, qu'est-ce que l'homme, que sont-ils l'un pour l'autre? Oublions-nous donc que l'homme d'aujourd'hui n'est plus l'homme primitif, que son âme et son esprit ont été pervertis, qu'il naît dégradé par un vice originel? Et c'est cette intelligence tombée, c'est cette raison esclave du temps et de l'espace, jouet de toutes les vicissitudes du monde, qu'on identifie avec la Sagesse éternelle!.. C'est la parole d'une telle raison qu'on met au niveau de la Parole de Dieu!

Et qu'on ne nous accuse pas d'abuser des expressions de l'auteur, pour lui imputer ce qui ne lui appartient pas! Non; car on lit textuellement dans son livre les propositions suivantes: *Notre raison est la raison de Dieu, notre parole n'est que sa parole* [2]. On y lit: *Qu'est-ce que la raison si ce n'est la vérité connue* [3]. On y lit: *Dieu est,*

---

[1] Essai, etc., 2 vol. pag. 19, 20.
[2] Essai, etc., 2 vol. pag. 93.
[3] Essai, etc., 2 vol. pag. 92.

parce que tous les hommes attestent qu'il est [1]. Donc c'est la raison qui fait Dieu par son attestation! On y lit: *Une science est un ensemble d'idées et de faits dont on convient* [2]. Donc ce sont les conventions de la raison qui font la science et la vérité! On y lit: *La raison privée ne peut avoir que des opinions : les dogmes appartiennent à la société* [3]. Donc c'est la raison générale qui fait les dogmes, comme la raison privée fait les opinions! Or, je le demande, n'est-ce pas là faire l'apothéose de la raison humaine? n'est-ce pas la déclarer la source du bien, du vrai, du juste, de tout ce qui est sacré, infini, éternel? n'est-ce pas la mettre à la place de Dieu même? Non, encore une fois, il n'est pas possible que l'auteur ait vu toute la portée de son système. Il a voulu donner aux hommes du siècle une philosophie universelle ou catholique; et faute d'une science profonde de Dieu et de l'homme, à laquelle l'imagination la plus brillante et le talent le plus admirable ne peuvent suppléer, il leur a présenté une doctrine vaine et dangereuse, qui n'est en vérité ni *philosophique*, ni *catholique*.

---

[1] Essai, etc., 2 vol. pag. 77.
[2] Essai, etc., 2 vol. pag. 21.
[3] Essai, etc., 2 vol. pag. 129.

Elle n'est point *philosophique* : car,

Il n'y a point en elle de principe de science, et elle ôte tout moyen d'en acquérir; puisque, interposant sans cesse un témoignage humain entre l'homme et la vérité, elle lui en ferme l'accès.

Elle détruit la possibilité de l'évidence, puisque le témoignage général, qui est déclaré le *moyen nécessaire*[1] *pour parvenir à la connaissance de la vérité*, peut nous porter à *croire*, mais ne peut en aucun cas nous faire *voir*. Or, qu'est-ce que la science sans l'évidence?

Elle dégrade l'intelligence humaine, faite pour contempler la vérité; elle l'aveugle, pour ainsi dire, en la réduisant au témoignage, comme principe unique de la certitude.

Imposant ce témoignage comme infaillible, comme une autorité suprême et sans appel, à laquelle chacun est tenu de se soumettre sans réserve et dans tous les cas, sous peine d'être déclaré[2] *fou, ignorant, inepte*, elle attente à la plus noble prérogative de l'homme, à sa liberté par laquelle il a le pouvoir d'accorder ou de refuser son assentiment à ce qu'on lui propose.

Ainsi la doctrine du sens commun détruit le

---

[1] Essai, etc., 2 vol. pag. 81.
[2] Essai, etc., 2 vol. pag. 20.

moyen de la science, rend l'évidence impossible, dégrade l'intelligence, fait violence à la liberté morale…. Est-ce là une doctrine philosophique?

Elle n'est non plus *catholique :* car d'abord, comme doctrine spéculative :

Elle tend à substituer à la seule autorité vraiment infaillible, qui est celle de Dieu, une autorité humaine, celle du *sens commun* ou de la *Raison générale.*

Elle réclame, pour cette autorité purement humaine, la *foi* qui n'est due qu'à la parole divine, et ainsi elle tend à isoler l'homme du ciel, en substituant à la première de toutes les vertus surnaturelles, la foi en Dieu fondée sur la Parole de Dieu, une croyance humaine en la parole humaine.

Elle tend à confondre les révélations spéciales et les traditions sacrées avec une prétendue révélation générale, que Dieu aurait faite de Lui-même dans tous les temps, dans tous les lieux, à tous les hommes; en sorte que cette révélation générale, qui se fait constamment par le sens commun, par la raison de tous, serait le *critérium* pour juger de la révélation spéciale, laquelle serait estimée en raison de sa conformité avec le sens commun, dont elle tirerait sa valeur et sa sanction. La *foi catholique*, a-t-on dit, n'est que le sens commun dans les choses de Dieu [1].

Comme doctrine pratique, elle ne s'accorde pas mieux avec la Morale chrétienne; car,

Bien loin que l'enseignement Évangélique donne l'assentiment commun pour règle de conduite, il recommande au contraire d'éviter la voie large où marche le plus grand nombre.

Il affirme que la sagesse du siècle (et c'est bien là le sens commun ou la raison générale); il affirme que cette sagesse est folie devant la Sagesse éternelle, comme aussi la Sagesse d'en haut est folie aux yeux du monde.

Il parle de la croix, scandale aux Juifs, folie aux Gentils! La doctrine de la croix était donc contraire au sens commun, puisqu'elle lui paraissait une folie; elle révoltait la raison du grand nombre, puisqu'elle lui était un scandale!

Et ceux qui ont professé la foi chrétienne en face des nations et qui l'ont scellée de leur sang, les martyrs qui, si nombreux qu'ils soient, étaient encore en minorité au milieu de la foule des Payens, ils n'auraient donc été que des insensés!

Enfin le divin Auteur de l'Évangile demande si, dans les derniers temps, il trouvera encore de la foi sur la terre. Est-ce que, tant qu'il existera des

---

[1] Catéchisme, etc., pag. 66.

hommes sur cette terre, le sens commun peut manquer, la raison générale défaillir ? Son autorité ne doit-elle pas plutôt augmenter avec les générations et les siècles ? N'aura-t-elle pas atteint son plus haut point à la fin des temps ? Et cependant, suivant la parole Évangélique, la foi alors sera au plus bas degré ! La foi catholique n'est donc pas le sens commun : ou, si elle l'est, il viendra un temps où la presque totalité des hommes ayant perdu la foi, il n'y aura plus de sens commun ; son autorité du moins ne sera plus infaillible ; il ne sera plus le *sceau de la vérité*.

Il est à regretter que l'illustre auteur de l'*Essai sur l'indifférence en matière de religion*, en nous montrant avec tant de force que cette indifférence est devenue aujourd'hui presque universelle dans le monde, se soit ôté à lui-même le moyen de la blâmer et de la combattre. De quel droit sa raison privée s'oppose-t-elle à la raison générale du siècle ? Prétend-il que son sens particulier prévaille contre le sentiment du grand nombre ? S'il le prétend, que devient son système ? Et s'il ne le prétend pas, pourquoi a-t-il fait son livre ?

Du reste, cette doctrine, malgré le talent remarquable avec lequel elle a été présentée, malgré le luxe d'érudition dont elle est chargée et tous les charmes du style dont on l'a ornée, a excité peu d'intérêt, a trouvé peu de sympathie dans les hommes du siècle, qui veulent de l'évidence et non de l'autorité, qui veulent voir la vérité par eux-mêmes et non la recevoir sur le témoignage d'autrui. Ils n'ont point cru qu'on pût faire de la philosophie par commission, que le sens commun dispensât de savoir, et que la raison de tout le monde ait été chargée de penser pour la raison de chacun. C'est dans les écoles ecclésiastiques qu'elle a produit le plus d'effet. Elle annonçait une philosophie fondée sur le *principe d'autorité*, sur la *foi*, une philosophie *Catholique:* et cette philosophie de foi devait être en même temps l'expression de la Raison universelle; et on pouvait l'acquérir par un moyen simple, facile, à la portée de tous, *le sens commun!* Et ce sens commun, qui appartient à tous et qui est donné sans travail à chacun, était proclamé la source unique de la science, de la certitude, le *critérium* infaillible, le sceau de la vérité! Ces magnifiques promesses étaient faites avec assurance par un homme d'un grand talent, d'une raison forte, d'une imagination ardente, dont la parole est énergique, éclatante, souvent passionnée!..... Est-il étonnant qu'elles aient entraîné une jeunesse simple, en général peu instruite, sans connaissance des hommes et du monde, et qui, dégoûtée qu'elle est de l'argumentation qui ne lui donne ni idée ni conviction ni sentiment, éprouvant aussi, selon son degré, le besoin de science qui agite l'époque, est poussée, par l'insuffisance même de l'enseignement qu'on lui donne, à chercher ailleurs quelque chose de nouveau pour contenter son intelligence et nourrir son âme? C'est ici surtout que la doctrine du *sens commun* peut être jugée par ses conséquences : conséquences déplorables dans la pratique et si évidemment contraires à l'esprit Catholique, que nous nous abstiendrons de les exposer.

———

Voilà donc tout ce que nous offrent les écoles philosophiques de notre temps! Je ne parlerai pas ici des ouvrages de quelques hommes distingués [1], où l'on trouve des vues étendues, des idées lumineuses, des pensées brillantes. Ce sont des productions remarquables de l'esprit humain, et nous en devons profiter. Mais elles ne présentent pas un corps de doctrine, un cours d'enseignement positif; et c'est ce qu'on réclame aujourd'hui. D'ailleurs nous n'avons pas prétendu, dans ce discours, faire l'histoire de la philosophie

---

[1] MM. J. de Maistre, de Bonald, Azaïs, Ballanche, Riambourg, etc., etc.

du siècle; nous voulions seulement donner un aperçu de l'état actuel de l'enseignement philosophique en France. Or, il n'était pas difficile de constater son insuffisance, son impuissance à satisfaire aux besoins des hommes de l'époque, à répondre à leurs justes désirs: dégoûtés qu'ils sont du vague, de l'incertitude, de l'incohérence des théories humaines. Dans la spéculation comme pour la vie sociale, on demande aujourd'hui quelque chose de fixe, de certain, de nécessaire, sur quoi on puisse poser. On est las de commencer et de recommencer toujours, pour ne finir jamais. On veut le progrès; mais un progrès qui laisse quelque chose derrière soi, et qui, tout en frayant l'avenir, ne rompe pas avec le passé et ne compromette point le présent. On veut, en un mot, une science véritable, la science de l'homme, de ses rapports nécessaires, de ses lois: on veut une sagesse qui ne passe point! Où trouver l'une et l'autre? Ce ne sera ni dans la sensation transformée de Condillac, ni dans la stérile idéologie de ses disciples. Elles ne se trouvent point dans les observations psychologiques de l'école Écossaise, qui n'a de puissance que pour saisir des phénomènes, des ombres. Elles ne sont point dans l'Eclectisme, qui confond le vrai et le faux, le juste et l'injuste, fait de la vérité avec toutes les erreurs, et de la sagesse avec toutes les folies. Les trouvera-t-on dans cette pauvre Scolastique, qui n'a ni idée ni principe, et qui s'épuise à combattre sans cesse, avec des argumens sans base, des argumens contraires qui ne valent pas mieux et qui se reproduisent sans cesse? Les trouvera-t-on enfin dans les prétendus oracles du sens commun, que chaque prêtre de ce dieu inconnu explique à son gré; dans le témoignage infaillible de la raison générale, dont chaque raison privée se fait l'interprète? Non, certainement non! Il n'y a dans tout cela ni science de l'homme, ni amour de la sagesse, dans le vrai sens de ces mots. Il n'y a que des opinions, des théories, des systèmes : c'est toujours l'homme qui parle à l'homme, et ainsi tout ce qu'il enseigne est variable, incertain, transitoire comme lui. Aussi toutes ces prétendues philosophies, sous quelques formes qu'elles paraissent, n'arrivent point à fonder dans les âmes des croyances, des convictions qui aillent jusqu'à la foi. Elles s'emparent de la raison, elles envahissent l'esprit, exaltent l'intelligence, mais elles n'ont point d'accès au cœur..... elles ne donnent point le goût du bien, la sagesse; elles n'atteignent point la volonté qui reste en dehors du cercle de leur influence, et continue d'agir, d'après ses mobiles vulgaires, à peu près comme si ces théories n'existaient pas. Tel est le sort de toutes les doctrines humaines! Elles surgissent, bruissent un instant, puis s'effacent et s'évanouissent comme une vague dans l'Océan.

Où donc aujourd'hui puiser des croyances, et chercher des convictions? Car jamais on n'a eu plus besoin de croire qu'en ce siècle, où l'on affecte de ne croire à rien pour ne croire qu'à soi. On le dit tout haut, et avec une espèce de désespoir, au milieu de l'angoisse du doute. On estime heureux ceux qui croyent, on voudrait pouvoir croire, et on ne sait à quoi se prendre! On aimerait à concilier la dignité de l'intelligence qui réclame des idées, de la science, avec le cri du cœur qui veut de la foi. Ceux d'entre les hommes de nos jours qui aiment la vérité pour elle-même et qui la cherchent sincèrement, ceux-là, nous en sommes sûrs, parce que nous l'avons éprouvé en nous mêmes, seraient tout prêts à croire, s'ils pouvaient justifier leur foi aux yeux de leur esprit et confirmer leurs croyances par la science. Telle est aujourd'hui la noble mission de la philosophie, qui sera digne de son nom si elle la remplit; car alors, et seulement alors, elle mènera vraiment l'homme à l'amour de la sagesse.

Croire! Mais à quoi? Ce n'est point à la parole de l'homme, puisque tout ce qui est humain est contestable, variable, incertain. Il nous faut quelque chose de nécessaire, d'universel, d'absolu; il nous faut de l'éternel, c'est-à-dire des principes qui ne fléchissent point, des vérités premières qui ne passent point. Qui nous les donnera, si la nature ne peut les fournir, si l'intelligence humaine ne peut les produire? Celui-là seul qui est au-dessus de la nature et de l'humanité, parce qu'il les a faites. Celui-là qui a tout créé par la vertu de sa Parole, et qui imprime constamment ses lois éternelles sur la poussière mouvante du monde, comme dans les pensées fugitives et dans les œuvres périssables de l'homme. La Parole du Dieu des êtres s'est fait entendre primitivement à la société naissante!.... L'homme ne parle que parce que Dieu lui a parlé. Chez tous les peuples, l'origine des arts, des sciences, de la législation, de la civilisation, remonte à la divinité, et suppose son intervention par la parole. Chez tous se conservent des traditions antiques, plus ou moins pures ou altérées, qui transmettent aux générations d'âge en âge des faits primitifs, des vérités révélées au genre humain. C'est par cette révélation que toute science, toute connaissance a commencé dans l'origine; bien plus, c'est par elle seulement que l'esprit humain a pu se développer: car comme l'œil ne s'ouvre et ne voit que par l'influence de la lumière physique : ainsi l'intelligence, l'âme, œil spirituel fait pour contempler la Vérité, a besoin d'être excitée, pénétrée, éclairée par la lumière des esprits, soit que cette lumière métaphysique lui arrive immédiatement, soit qu'elle se communique par la parole ; et d'où pourrait-elle venir, cette lumière pure, si non de la source, du foyer de toute lumière ? Encore une fois, toutes les traditions s'accordent à affirmer que l'homme, créé par une puissance supérieure, a aussi été instruit par cette puissance, par Dieu ou par des dieux : et c'est à cette éducation primitive, à cette instruction fondamentale, continuée et perfectionnée par des moyens providentiels, qu'il doit tout ce qu'il possède de vérités sur la terre, tous les principes de religion, de morale, de science, de législation, qui fondent et conservent les sociétés : trésor du ciel, véritable patrimoine de l'humanité, dont elle vit, même quand elle l'ignore ou le rejette : car l'ordre et la civilisation ne peuvent subsister qu'appuyés sur ces bases éternelles.

Ceci posé, la question est de savoir comment nous pourrons recueillir et constater ces *vérités principes*, pour les obtenir pures et sans mélange des pensées de l'homme.

On trouve dans les traditions de tous les peuples des traces de ces premières vérités, nous le reconnaissons; mais nous voyons aussi, qu'à ce fond de vérité s'ajoutent beaucoup d'opinions, d'imaginations, de préjugés et d'erreurs. Il faudrait donc d'abord séparer le pur de l'impur, dégager le vrai du faux, le fond de la forme. Qui opérera ce dégagement? Ici se présente de nouveau l'autorité du *sens commun*; mais c'est justement ce sens commun qu'il s'agit de trouver, de reconnaître, de constater. D'ailleurs l'erreur peut s'emparer de la majorité; elle a toujours été et sera toujours plus ou moins générale parmi les hommes en ce monde; et, en définitive, ce sera encore la raison particulière qui devra discerner entre ces deux généralités de vérité et d'erreur.

Puis, comment supposer que chaque homme (et tous ont besoin de savoir sur quoi sont fondées les lois de l'ordre et de la justice), comment supposer que chacun ira fouiller les annales des peuples, étudier leurs traditions, pour en extraire ce qu'il devra croire et admettre comme principe? Qui aura le temps, les moyens, la faculté de faire cet énorme travail? Et s'il était vrai que les hommes ne pussent obtenir la vérité qu'à ce prix et par cette voie, ne faudrait-il pas désespérer de l'immense majorité du genre humain?

Presque tous seraient condamnés à l'ignorance ou à l'erreur, en ce qu'il leur importe le plus de connaître; ils n'auraient d'autre ressource, pour trouver le vrai, que de s'en remettre à un homme comme eux, qui, leur apportant le résultat de ses élaborations et de sa critique et se posant comme interprète de la révélation primitive et divine, risquera toujours de substituer son esprit particulier à l'esprit de Dieu, et de mêler ses vaines pensées aux paroles éternelles.

Mais, grâces à la divine Providence, tout cet appareil de moyens humains n'est pas nécessaire. Nous pouvons nous élever à la Vérité pure, sans monter par ce ruineux échaffaudage; et la Sagesse divine, en nous mettant à la main un moyen simple et facile de trouver la vérité, nous a dispensés de ce luxe d'érudition.

Dieu a parlé à l'homme! Car, encore une fois, l'homme ne parlerait pas, s'il n'avait entendu la Parole, si son divin Auteur ne lui avait parlé le premier. Cette Parole sacrée et primitive qui a appris à l'homme son origine et l'a instruit de sa loi, nous a été conservée dans le monument le plus antique et le plus authentique de l'histoire. La Critique historique prouve que les traditions sacrées des nations et des peuples sont sorties de cette source; et il est encore incontestable pour le philosophe, que ces traditions ne contiennent rien de vrai qui ne s'y retrouve. C'est la Révélation faite aux patriarches et plus tard à Moïse et aux prophètes d'Israël, qui a versé dans l'ancien monde toutes les vérités, tous les principes qui ont fondé et développé la civilisation. C'est de là qu'est sortie l'idée de l'Etre, de Celui qui Est, l'idée de Dieu Un; idée pure et sublime que l'homme ne pouvait concevoir que sous l'influence de l'Etre et de sa Parole, et que sa pensée brisa en mille fragmens, que son esprit refrangea en mille rayons, que son imagination travestit sous mille formes, quand son âme détournée de sa source ne transmit plus à son intelligence la seule Lumière qui peut lui faire connaître les choses du ciel..... Le polythéisme payen n'est qu'une dégénération du Théïsme hébreux : la pluralité part de l'unité et la suppose. C'est de là qu'est sortie la législation primitive de la famille et de la société; et le Décalogue est la première table de lois où l'homme social ait vu d'une manière positive à qui il appartient, ce qu'il doit faire et ce qu'il doit éviter. La Parole sacrée a donc été, comme dit Clément d'Alexandrie, et comme Saint Paul l'avait dit avant lui, le premier pédagogue de l'humanité. Elle l'a instruite, guidée, préparée dans une seule nation, jusqu'à ce que le temps fût venu où elle pût s'adresser à tous les peuples, à tous les hommes. Si le monde ancien a été civilisé, autant qu'il pouvait l'être, par la tradition Hébraïque, le monde moderne s'est élevé, constitué, développé sous l'influence de la Parole Évangélique, qui n'est que l'explication, la continuation, le complément de l'ancienne tradition. Or, je le demande, y a-t-il une seule vérité nécessaire ou même utile au perfectionnement de l'homme et de la société, que le Christianisme n'ait proclamée et qu'il n'enseigne? Que savait-on de Dieu, de l'homme et du monde avant que son rayon n'eût illuminé les esprits? Qu'on se reporte par la pensée aux temps qui l'ont précédé; qu'on considère même la nation juive, éclairée cependant par la loi Mosaïque, conduite si providentiellement et néanmoins dominée toujours par la chair, les sens et l'imagination, toujours penchant vers l'idolâtrie, et prête à renier, par le fait, le grand dogme de l'Unité de Dieu! Qu'on considère les nations, toutes aveuglées par les ténèbres de leur entendement où luisait à peine un rayon de la tradition, s'abandonnant au folies du polythéisme, mettant Dieu dans la nature ou la nature en Dieu, et se le représentant sous toutes les formes, même les plus abjectes! Et pendant que le vulgaire offrait ses vœux et son encens à ces Dieux de bois et de pierre, pendant qu'il adorait les fantômes de son imagination et les passions de son cœur, que faisait la Philosophie? Elle ramassait çà et là les restes altérés de la tradition; elle consultait les oracles des sanctuaires; elle explorait laborieusement l'homme et la nature; et à peine si au milieu des nuages de tant d'erreurs, de la poussière de tant de systèmes construits à la hâte et aussitôt renversés, elle put s'élever au pressentiment vague de l'unité de Dieu, ne soupçonnant rien de sa nature et ne pouvant déterminer ses rapports véritables avec l'homme et le monde. Qu'est-ce que la science payenne a enseigné de positif sur l'humanité, son origine, son état présent, sa loi, sa destination ici bas et au-delà? Dans les temples, des mythes, des allégories que chacun expliquait à son gré, des fables plus ou moins ingénieuses! Chez les philosophes, des conjectures, des hypothèses, des opinions, entre lesquelles les esprits les plus forts n'osaient décider[1]! Et il en était de même du monde, dont la sagesse humaine ne comprenait ni la raison, ni la fin!

Le Christianisme a résolu tous ces problèmes.

---

[1] *Harum sententiarum quæ vera sit, Deus aliquis viderit: quæ verisimillima, magna quæstio est. Cicer. Tuscul. quest. Lib. I § 23.*

Il a merveilleusement continué la grande œuvre de la restauration de l'humanité, celle de l'éducation morale et intellectuelle du genre humain, commencée après sa chûte. Jamais la voix de la Vérité n'a manqué à l'homme, et elle ne lui manquera jamais. Cette voix, qui lui a parlé au commencement du temps et qui a continué à lui parler par l'enseignement prophétique, est celle qui lui a parlé au milieu des temps; elle est toujours la même malgré la révolution des siècles; elle annonce toujours, au milieu des choses qui passent, celles qui ne passent point. Ce n'est pas la voix d'un homme: car l'homme n'apparaît qu'un instant sur la scène du monde et disparaît. Ce n'est point la voix de tous les hommes: tous, au contraire, ont besoin de l'entendre et de l'écouter. C'est une voix sur-humaine, que le ciel envoye à la terre. Elle a parlé dans l'Eden, elle a parlé dans le désert de Sennaar; elle a parlé sur le mont Oreb, au Sinaï, au Jourdain, sur le Golgotha.... Elle a parlé et elle parle, pour l'instruction des rois et des peuples, au capitole du monde chrétien. C'est la voix de Dieu même!

Et afin que les accens de cette voix, en retentissant à travers le monde par les échos des siècles, ne fussent point altérés et confondus, ils ont été fixés par l'Ecriture; et ce dépôt sacré a été transmis d'âge en âge, avec un religieux respect, par un peuple de l'ancien monde qui subsiste encore aujourd'hui au sein de la société moderne, comme une ruine indestructible : puis par une autorité permanente, à qui Dieu a confié les mystères de l'ancienne et de la nouvelle alliance. C'est dans ce Livre, le livre par excellence, qu'est renfermée la Parole de vérité.

Si ce livre renferme tout ce qui est vrai, il doit contenir tout ce qui est bien : car le *Vrai* est la manifestation du *Bien*, comme le *Beau* est la splendeur du *Vrai*. Nous cherchons les vérités premières, les principes nécessaires de la philosophie. Où les trouverons-nous mieux qu'à cette Source céleste qui a fécondé le champ de la science dans les premiers temps, et dont les eaux, toujours pures et continuellement ravivées dans leurs cours, ont répandu la vie, l'abondance et la joie dans toutes les parties du monde qu'elles ont traversées et où elles ont pénétré? Oui, nous l'affirmons avec confiance, tout homme qui veut une philosophie sérieuse, et surtout qui est décidé à ne pas reculer devant les conséquences, quand il aura acquis l'évidence du principe; tout homme qui ne cherche point dans la philosophie autre chose que la philosophie même, c'est-à-dire la science et la sagesse, pour celui-là il n'y a plus d'autre ressource aujourd'hui que d'entrer franchement dans le système chrétien. Ce système, le plus ancien de tous, puisque son origine remonte à celle de l'homme, les domine tous; et le voilà encore debout au milieu des opinions humaines ruinées, malgré les efforts impuissans de tant de générations, qui l'ont attaqué en passant et dont la fureur s'est continuellement brisée contre sa base! Ce système est le plus vaste de tous : car il embrasse l'histoire de l'humanité, les destinées du ciel et de la terre. Il a élevé le regard de l'homme à des hauteurs que son œil n'aurait jamais atteintes; il l'a fait plonger jusque dans les profondeurs des mystères divins. Seul il a donné à l'homme la connaissance de l'homme, il lui a révélé sa véritable nature; il lui a appris ce qui fait vraiment en lui l'Humanité, et comment cette humanité, tombée du trône, peut de nouveau reprendre sa couronne, sa puissance et sa gloire. C'est de toutes les doctrines, la plus forte, la plus vivante : car son influence ne s'est pas bornée, comme celle des systèmes humains, à quelques hommes, à quelques écoles, à quelques peuples; mais elle a pénétré, remué, changé des millions d'hommes dans tous les siècles et dans tous les lieux : influence universelle ou Catholique, qui, triomphant dans sa marche calme et patiente du temps et de l'espace, montre par là même d'où elle tire son origine, où elle puise sa vertu; et à laquelle ses ennemis même sont forcés de rendre hommage, quand ils avouent que le christianisme a renouvelé la face du monde! Ainsi cette doctrine ne fut-elle qu'une doctrine humaine (ce qui serait plus inconcevable que tous ses mystères), elle serait encore la plus profonde, la plus vaste, la plus cohérente, la plus lumineuse, la plus pure; donc la plus philosophique qui ait jamais été annoncée aux hommes.

Eh bien! comme philosophe, c'est avec ces titres à la main que nous proposons aux hommes du siècle les principes de cette doctrine comme bases de la science, comme fondement de la vraie sagesse. Je leur demande de faire taire pour un temps les préjugés anti-religieux qu'on aspire aujourd'hui avec l'air, et de se résoudre à examiner ce qu'ils ont peut-être jugé avec légèreté, ou rejeté sans examen. Ils se doivent à eux-mêmes cette satisfaction, afin d'en finir une fois avec le Christianisme, afin d'en reconnaître la sagesse ou la folie.

Je présente le Code de la doctrine chrétienne à ceux qui ont de la foi, comme à ceux qui n'en ont pas, et je leur dis: Il n'y a pas une question philosophique, un peu profonde, qui ne trouve sa solution dans ce Livre; il n'y a pas une vérité, objet de l'étude des philosophes, qui n'y soit annoncée, exposée. Et je ne prétends pas qu'on me croye sur parole : je ne viens pas ici dogmatiser, moi qui ne reconnais ce droit à aucun homme. Je ne m'autoriserai pas du caractère sacré du livre pour dire : Voici la parole de la Vérité, et ainsi toute science doit s'y trouver ! Car c'est justement ce qui est en question; et je n'oublie pas que je parle surtout à des hommes qui ne croyent point, qui doutent pour le moins, et qui ne peuvent être ramenés à la foi que par l'intelligence. *Le temps de la foi simple est passé : elle est le caractère et le privilège des époques de spontanéité*, et le monde a trop réfléchi, trop raisonné depuis plusieurs siècles, pour croire encore de cette façon. Aujourd'hui on veut voir et savoir avant de croire. Ajoutez à cela, que presque tout ce que la jeunesse voit, entend, apprend, la porte à la méfiance, au doute, à la critique, au mépris de la parole religieuse, à l'incrédulité : car ce que cette jeunesse estime le plus, ce qu'on lui présente comme la chose la plus noble, la plus désirable, la plus excellente, la science, est malheureusement de nos jours en hostilité ouverte avec l'enseignement chrétien. Elle se fait gloire de lui rester étrangère, de le regarder avec indifférence, sinon avec dédain, pendant que cet enseignement de son côté, en se séparant trop de la science humaine, se laisse accuser d'être en arrière de l'époque, et de ne connaître ni les hommes ni les besoins du siècle.

La vérité ne s'impose plus d'autorité : elle n'est admise aujourd'hui que par la lumière de l'intelligence ou la persuasion du cœur. Jamais l'homme n'a été plus jaloux qu'en notre temps, des prérogatives de son intelligence; jamais il n'a été plus fier du privilège de sa liberté; et cependant, il faut le dire, jamais peut-être il n'a été plus dépourvu d'une science véritable au milieu de tant de connaissances; jamais peut-être il n'a été moins libre avec tant d'institutions libérales. La preuve, c'est qu'il en est encore à demander à la Philosophie les principes de la science, de la morale, de la société, de la liberté; et c'est parce qu'il les a demandés en vain à la philosophie humaine, que nous lui présentons une Philosophie fondée sur des principes divins, et dans laquelle les réponses à ces questions ont été successivement inscrites par l'histoire depuis l'origine du monde. Puisqu'il est las des pensées des hommes, qu'il retourne donc à Dieu! qu'il considère le plan de la Providence sur la société humaine, se déroulant de siècle en siècle.....

qu'il apprenne de Dieu même ce qu'est l'homme au milieu des existences qui l'entourent, et alors il connaîtra sa force et sa faiblesse, ses droits et sa loi, le besoin général de son être, comme les besoins particuliers de chaque période de son existence !

Or, les besoins propres à notre siècle réclament par-dessus tout, la lumière, la science comme condition de la croyance et de la conviction. Il faut donc aujourd'hui que la Parole sacrée se montre dans tout son éclat, qu'elle frappe tous les yeux par les rayons de sa vérité; il faut qu'elle se lève comme un soleil nouveau sur notre horizon obscurci, et qu'elle l'inonde des flots de sa lumière; il faut que son esprit vivifiant souffle sur les cœurs desséchés, sur les raisons arides, sur les entendemens devenus stériles, et y féconde encore les germes de la science éternelle, qui y dorment comme dans la mort. Comment s'opérera cette résurrection, et quel sera le moyen que la Providence employera, pour préparer l'humanité défaillante à cette nouvelle effusion de son esprit ? Ah ! sans doute, il n'appartient pas à l'homme de déterminer ce moyen ! Qui sondera les abymes de la sagesse divine ! Mais nous ne pouvons point ne pas voir ce qui se manifeste si clairement, et ne point proclamer ce que nous voyons, savoir : que la Philosophie, qui dans les derniers temps a servi à détourner l'homme de Dieu, servira à le ramener à Dieu; qu'après avoir éteint la foi dans les cœurs, elle doit préparer les voies pour l'y faire renaître; qu'elle doit défaire tout ce qu'elle a fait, et refaire tout ce qu'elle a défait; qu'elle rendra au Christianisme autant de services qu'elle lui a suscité d'obstacles; qu'elle deviendra, en un mot, l'auxiliaire fidèle, le coopérateur le plus zélé de la Religion chrétienne, dont elle a été le plus cruel ennemi et le plus ardent persécuteur. Ainsi s'accomplira la justice réparatrice, qui emploie à détruire le mal cela même qui l'a produit: ainsi se justifiera la Providence qui tourne finalement a la gloire de la Vérité et à l'accomplissement du bien les instrumens les plus énergiques de l'erreur et du mal !

Oui, telle est, en notre siècle, la mission de l'enseignement philosophique! Il doit, de nos jours, comme aux premiers temps du christianisme, convertir de savans Payens : car il faut bien le dire, nous sommes redevenus payens. Les hommes éclairés d'alors, ceux auxquels les hautes doctrines de Platon et de Zénon avaient inspiré le désir de la vérité, l'amour de la vertu, furent comme forcés de devenir chrétiens, par désespoir de trouver ailleurs les objets éternels de leur désir et de leur amour. Ainsi les a attirés et conquis l'éternelle Vérité! Ainsi prend-elle encore aujourd'hui les hautes intelligences, les cœurs généreux! C'est par le même attrait qu'elle les rapproche d'elle peu à peu, les laissant graviter long-temps autour de son centre, jusqu'à ce que la force qui les y porte, ait vaincu la résistance qui les en éloigne, jusqu'à ce que l'amour et la lumière aient triomphé de leurs ténèbres et de leur aversion. L'aboutissant inévitable de tous les efforts, de tous les élans, de toutes les agitations de l'intelligence humaine, c'est le Christianisme. Plus elle se débat pour l'éviter, et plus elle s'en rapproche. Le Christianisme s'est établi sur la terre après l'Eclectisme; c'est encore après l'Eclectisme qu'il triomphera : car l'Eclectisme prouve au moins une chose : l'épuisement de l'esprit propre et le besoin d'une doctrine universelle, qui ne peut être celle d'un homme, et c'est pourquoi on la demande à tous. De nos jours aussi, on demande la vérité à tout le monde, parce qu'on a reconnu le vuide des opinions de chacun. On n'en appelle à tous les hommes, que parce qu'on ne veut plus s'abandonner à aucun homme. Cela montre que le règne de la raison est passé, et que celui de l'intelligence commence. Or, cette universalité, cette infaillibilité, que nous cherchons partout, n'appartient qu'à Dieu. C'est en vain qu'on tourmentera les doctrines humaines, pour en arracher ce qu'elles ne contiennent pas. C'est en vain qu'on en appellera à la raison générale, pour la forcer à rendre témoignage de ce qu'elle ne comprend pas. Le seul témoignage valable en cette occurrence, le seul qui porte en lui sa vertu et qui ait droit de s'imposer aux hommes, c'est le témoignage de la Vérité même, c'est celui de Dieu; et c'est pourquoi la Philosophie, après qu'elle a essayé vainement tout ce que l'homme peut inventer pour trouver la Vérité sans la Vérité, après avoir voulu fonder, édifier sans Elle, ne recueillant de ses labeurs que de la confusion et du découragement, est obligée de revenir à Dieu comme à la Source unique de la science et de la sagesse. Or, ce témoignage de Dieu, dont les vestiges se retrouvent dans toutes les annales du genre humain, est déposé authentiquement dans la Parole sacrée. C'est donc en cette Parole que la Philosophie doit puiser ses principes; c'est sur ce roc qu'elle doit s'appuyer pour élever l'édifice d'une vraie science, et jeter les fondemens d'une doctrine impérissable : car, « Depuis trois « mille ans que les hommes cherchent par les « seules lumières de la raison le principe de

« leurs connaissances, la règle de leurs juge-
« mens, le fondement de leurs devoirs, qu'ils
« cherchent en un mot la *science* et la *sagesse*;
« il y a toujours eu sur ces grands objets, autant
« de systèmes que de savans, et autant d'incer-
« titudes que de systèmes »[1].

La Parole sacrée, disons-nous, doit fournir au vrai philosophe, les principes, les vérités fondamentales de la sagesse et de la science ; mais c'est à lui qu'il appartient de développer ces principes, de mettre ces vérités en lumière : en d'autres termes, de les démontrer par l'expérience, en les appliquant aux faits de l'homme et de la nature ; donnant ainsi à l'intelligence l'évidence de ce qu'elle avait d'abord admis de confiance, ou cru obscurément. Il s'agit donc de retrouver dans l'homme, dans l'histoire de l'humanité et du monde les preuves de ce que le Livre des révélations nous dit du monde et de l'homme; il s'agit de faire concourir avec la Parole de Dieu les trois moyens de connaître, que la Providence nous a départis, et qui ressortent de la position même de l'homme sur la terre, savoir : les sens, par lesquels nous observons le monde des phénomènes; la raison, qui tire les consé-

---

[1] M. de Bonald, Recherches philos. c. 1.

quences de nos observations, juge la parole et les faits de l'humanité; le sentiment intime et la conscience qui éclairent notre intérieur et nous mettent en rapport avec les agens mystérieux qui parlent à l'âme et inspirent la volonté. Au fond de toute science, quelle qu'elle soit, il doit y avoir une *vérité-principe* qui ne se démontre pas; de même que dans tout être, à la base de son existence, comme *substratum* impérissable de ses propriétés et de sa forme, se trouve quelque chose de nécessaire ou de divin. Mais ce principe ou ce germe qui porte dans sa puissance toute l'existence future, ne la manifeste que par un développement successif, et c'est par ce développement qu'il se démontrera avec les trésors de vie qu'il renferme. Ainsi de la Parole divine, l'principe de la science; elle nous est donnée comme un germe intelligible, comme une idée-mère. Par la foi ou par l'adhésion volontaire elle s'implante dans notre âme et y jette ses racines; mais en même temps qu'elle descend dans la profondeur du cœur, elle tend à s'élever, à se développer dans l'esprit; elle tend à s'y former, à s'y exposer et pour ainsi dire à s'y épanouir en une multitude de conséquences qui manifestent toutes les vérités qu'elle portait en elle : et ce développement harmonique, qui constitue la science, nous donne, par la parole de la doctrine, l'évidence et la conscience de ce que nous avions déjà senti ou goûté au fond de nous mêmes par le cœur. En invoquant l'appui de la Parole sacrée, nous ne repoussons donc ni la science ni le raisonnement ni l'observation : bien au contraire, nous leur donnons une base solide, impérissable, qui subsistera après que les cieux et la terre auront passé.

Et ainsi la Philosophie, se sentant soutenue, pourra pousser avec plus de confiance ses investigations dans le champ de la nature; elle étudiera l'homme dans ses puissances et ses facultés, avec plus de méthode et de succès quand elle saura, par une voie supérieure, ce que l'homme est au fond, dans sa vraie nature, dans le foyer de sa vie. Alors se comblera cet abyme auquel la psychologie expérimentale nous amène et au bord duquel elle nous laisse, son flambeau s'éteignant quand nous voulons y descendre avec elle. Dieu seul a pu nous apprendre notre origine et ce que nous sommes en nous mêmes : car nous sommes son ouvrage et son image. Lui seul voit le fond de notre être; il n'y a que son regard qui plonge dans cette profondeur mystérieuse, et sa Parole seule peut en faire jaillir la lumière. Pourquoi donc s'obstiner à repousser cette lumière, quand on n'en a pas d'autre? L'Eclectisme moderne s'est montré singulièrement préoccupé, quand, convoquant toutes les doctrines et les interrogeant tour à tour, il a refusé d'entendre la plus grave de toutes; il a dédaigné le Christianisme qui lui aurait répondu par une voix de soixante siècles. Il semble pourtant, qu'à ne le considérer que comme un fait ou sous le rapport historique, ce suffrage, qui est celui de tant de millions d'hommes et pour lequel un si grand nombre a donné son sang, était bon à prendre, n'eût-ce été que pour l'honneur de l'impartialité philosophique? Nous serons moins exclusifs. Tout en posant la tradition sacrée comme base de la Philosophie, nous ne repousserons aucun autre moyen de connaître; nous appelons au contraire à notre aide toutes les sciences humaines, et principalement celle que l'homme peut acquérir de lui, par l'observation de lui-même. A cette psychologie transcendante que la Révélation seule peut fonder, parce qu'elle seule peut dire ce qu'est l'âme, le principe vital dans l'homme, nous voulons joindre une psychologie expérimentale, qui doit recueillir et examiner tous les phénomènes de la vie intérieure, tous les faits de la réflexion, de la conscience, du sens intime : et nous avons la certitude de retrouver, dans ces résultats de l'observation psychologique, la pleine justification des données supérieures. Le témoignage de la conscience individuelle ne nous suffit pas : nous en appelons à la conscience de l'humanité, manifestée par son développement, écrite dans l'histoire. Nous interpellons aussi la raison générale, non comme autorité infaillible ou comme juge, mais comme témoin. Nous n'excluons pas même l'histoire des opinions et des erreurs humaines; sachant qu'au fond de toute erreur il y a une parcelle de vérité, et qu'on peut l'en dégager par un feu épurateur, dans le creuset de la vraie science.

A l'étude de l'homme sous toutes ses formes, dans toutes les périodes de son existence et par tous les moyens, nous demandons qu'on associe celle de la nature : car les choses visibles sont les ombres des choses invisibles ; et les lois physiques ont leurs prototypes dans le monde métaphysique. La Parole qui a tout fait, le Verbe, sans lequel rien de ce qui existe n'a été fait, a imprimé son caractère en toute créature, dans l'homme comme dans l'insecte, dans la sublimité des cieux comme dans les profondeurs de la terre, dans le cèdre du Liban comme dans l'hysope. Nous devons donc, par l'observation des phénomènes de la nature à tous les degrés, dans tous les ordres, sous toutes les formes, retrouver les lois constantes qui règlent cette nature et ce qui vit en elle; et dans ces lois démontrées par l'expérience, nous devons recueillir les traces de la Parole éternelle qui les a établies, qui les maintient, et qui se révèle ailleurs à notre intelligence d'une manière moins médiate et plus pure. Enfin, de même qu'en observant l'homme, nous pouvons apercevoir dans le rayonnement de ses puissances, dans le développement et l'exercice de ses facultés, dans ses actes et dans ses œuvres un reflet de la Vie divine, puisque l'homme est l'image de son Auteur, et c'est pourquoi la science de l'homme est comme la préface ou l'introduction de la science de Dieu : de même, dans les formes de la nature extérieure et sous ses voiles, nous verrons briller, quoique d'un éclat moins vif, les idées de la divine Sagesse. Nous retrouverons, dans les manifestations si diverses de la vie, au sein du monde, par les existences de tous les degrés, une ébauche toujours plus dégradée, une ombre toujours plus obscure de ce qui anime l'homme. La nature nous apparaîtra comme un grand symbole, où les faits visibles rendent témoignage des invisibles, l'esprit éclatant de toutes parts à travers la matière qui l'emprisonne; et dans lequel l'intelligence, éclairée par une lumière analogue à sa noble nature, aperçoit comme un second resplendissement de la gloire de l'Eternel, refrangée dans un prisme moins pur, et se manifestant en couleurs plus nuancées et plus ternes. La science de la nature sera donc à la science de l'homme, ce que la science de l'homme est à celle de Dieu.

En résumé, connaissance approfondie de l'homme et de la nature, appuyée sur la Parole qui nous dit l'origine de la nature et de l'homme; application des *vérités-principes*, que cette Parole nous fournit, à l'histoire du monde et de l'humanité, voilà la noble tâche imposée à la Philosophie : tel est son point de départ, la méthode qu'elle doit suivre pour arriver à des résultats certains; tel est l'esprit qui doit l'animer, pour qu'elle devienne digne de son nom. Et si l'on venait nous dire, qu'il ne convient pas à la dignité du philosophe d'admettre tout d'abord, comme principe, une parole qu'il n'a pas vérifiée, nous répondrions qu'il faut bien commencer par admettre quelque chose, à quelqu'école qu'on appartienne, et qu'il n'y aura jamais d'explication philosophique possible sans une donnée quelconque, posée en commençant, mais qui doit être justifiée ensuite par l'explication même. Les uns s'appuyent sur des hypothèses, d'autres sur des faits de conscience; d'autres encore sur des abstractions de leur esprit, qu'ils prennent pour des réalités, pour des vérités. Condillac suppose une statue organisée, dans laquelle il met tout ce qu'il y veut trouver. L'école Ecossaise se fonde sur des faits qu'elle appelle primitifs, ce qui la dispense d'en rendre raison. L'Eclectisme suppose que la vérité est en tout, ou que tout est vérité. La doctrine du Sens commun admet une raison générale comme autorité infaillible, etc. Ne nous sera-t-il pas permis, à nous, de poser en principe ce qu'il y a de plus respectable, de plus profond et de plus sublime à la fois dans l'histoire de l'humanité, à savoir : la Parole de l'origine des choses, la Parole qui a fourni dans tous les temps les vérités fondamentales de l'ordre et de la société ; Celle enfin qui a été conservée providentiellement dans le monde pour y proclamer toujours, et en raison des besoins et du développement de l'humanité, la doctrine la plus pure, la plus lumineuse, la plus analogue à l'homme qui ait jamais été annoncée sous le soleil : doctrine, qui de l'aveu même de ses antagonistes, a le plus contribué à l'accroissement des lumières et aux progrès de la civilisation ? Il me semble que la vertu de cette doctrine a été assez démontrée par ses effets, pour qu'un philosophe puisse, sans compromettre sa dignité, admettre comme principe de la science, une parole, qui a produit tout ce qu'il y a eu de plus excellent sur la terre depuis l'origine du monde.

D'ailleurs que risquons-nous dans cette voie? Je suppose que nos observations soient incomplettes, que nos applications ne soient pas toujours exactes, que nos déductions ne soient pas assez rigoureuses et que nous ne démontrions pas assez clairement les rapports des vérités chrétiennes avec les faits de l'homme et de la nature! Ce serait un travail imparfait, une tentative manquée: mais la Vérité n'en serait point compromise, et il n'y aurait danger d'erreur pour personne. Les principes subsisteront dans toute leur force, avec la solidité qu'ils doivent à leur origine et à la sanction des siècles. Les faits observés resteront sur le terrein de la science, comme des matériaux ébauchés, prêts à être employés par des mains plus habiles.

Jeunes hommes, qui aimez le bien, qui cherchez le vrai, dont l'âme veut sentir, dont l'intelligence veut voir, et qui espériez en la Philosophie; voici un homme de votre siècle qui a cherché laborieusement la Vérité et le Bien, et qui est enfin parvenu à en retrouver la source! Voici un philosophe qui vient vous proposer une voie nouvelle, pour arriver à la science; nouvelle, parce qu'elle n'est plus frayée de nos jours, quoiqu'elle soit aussi ancienne que le monde! Y a-t-il encore de la foi chrétienne dans votre cœur? Il doit tressaillir à cette annonce! Quoi de plus doux, que de voir sa foi justifiée par la science? Quoi de plus consolant, que de pouvoir admirer par l'intelligence ce qu'on a goûté et pressenti par l'âme? La foi de votre premier âge est-elle étouffée par les illusions des sens, les prestiges de l'imagination, les égaremens de la raison, par les passions du cœur...... comme l'étincelle dort sous la cendre? Ah! je l'espère, et Dieu sait si je le désire, elle sera réveillée par le souffle de l'Esprit de Vérité! Comme vous, j'avais cessé de croire : je voulais l'évidence du vrai, sans la forme, sans l'expression de la Vérité : Je voulais la voir pure, en Elle même, sans voile; et je ne songeais pas qu'elle m'eut accablé de son éclat. Je l'acceptai enfin, telle que Dieu nous l'a donnée! J'ai lu, j'ai vu et j'ai cru.... Écoutez donc une voix amie qui vous appelle à la foi par la science. Ah! du moins, si elle n'a pas le bonheur de vous y conduire, et de contribuer à vous remettre en possession du plus grand de tous les biens, elle vous laissera, j'en suis sûr, la conviction que, de toutes les doctrines qui ont paru sur la terre, le Christianisme est la plus profonde, la plus vaste, la plus sublime, celle qui renferme la plus pure sagesse et la plus haute science, la plus philosophique en un mot; et qu'ainsi, s'il y a une parole de Vérité dans le monde, c'est là qu'il faut la chercher!

www.ingramcontent.com/pod-product-compliance
Lightning Source LLC
LaVergne TN
LVHW050633090426
835512LV00007B/831